Ciudadano Juliá

SaraMaría Rivas

CIUDADANO JULIÁ

MEDIAISLA
Mundos posibles
Kingwood, TX 2014

http://mediaisla.net

Primera Edición: enero de 2014

ISBN: **978-1-304-63528-0**

Publicado por: *mediaisla editores, ltd/lulu.com*
Correo electrónico mediaisla@gmail.com

Diseño de portada: © PETER LANDESTOY
Concepto y diseño de interior: MEDIAISLA EDITORES, LTD

A mis queridos padres, María C. Rivas
y Ramón Rivas Marín.
Gracias por llenar la casa de libros,
los días de música y enseñarme
a navegar por mundos alternos
con derroteros más allá del horizonte.

¿cómo conciliar tanto extravío con tanta ternura?
Edgardo Rodríguez Juliá | *El entierro de Cortijo*

...los que se fueron, siempre fueron los mejores, los más valientes.
Edgardo Rodríguez Juliá | *Caribeños*

Contenido

Ciudadano Juliá

Una mirada escrutadora y certera

Si hay un rasgo característico en casi toda la literatura puertorriqueña del siglo pasado, ése es la búsqueda tenaz de una definición de lo nacional. El rastreo con frecuencia reflejó la obsesión de algunos escritores por construir un perfil insular, algo muy comprensible cuando advertimos que durante más de cien años de dominación norteamericana, este esfuerzo intelectual no ha cesado ni un instante, teniendo como estandarte la lengua autóctona, el español boricua, que en Puerto Rico ha sido un poderoso instrumento colectivo de resistencia, indispensable para mantener vivos los componentes espirituales y culturales, así como enfrentar los embates foráneos de desnacionalización y la hegemonía colonial estadounidense implantada tras la ocupación de 1898.

Poetas y narradores de primer orden, pero sobre todo ensayistas de fuste, han intentado elaborar un concepto de nación, y lo han hecho desde perspectivas muy disímiles, siempre apasionantes, como el conocido estudio del crítico Antonio S. Pedreira (1898-1939), *Insularismo: Ensayo de interpretación puertorriqueña* (1934), que ha servido de base a ulteriores reflexiones sobre la idiosincrasia nacional; el enfoque pesimista del renombrado dramaturgo René Marqués (1919-1979), cuyo polémico trabajo «El puertorriqueño dócil» (1962), explora el sentimiento de inferioridad del pueblo, derivado de su condición subordinada; o la visión étnica y social de raigambre marxista contenida en *El país de cuatro pisos* (1980), de José Luis González (1926-1997), uno de los maestros indiscutibles del cuento hispanoamericano.

Además de estos ilustres antecedentes, gran parte de la literatura puertorriqueña contemporánea pone en evidencia el problema de la identidad, un término inasible por heterogéneo, múltiple y contradictorio, ya que un territorio cualquiera no está poblado por gente de una cultura idéntica, sino que en él coexisten numerosas expresiones mentales y prácticas culturales en conflicto. Sería prolijo enumerar siquiera en este breve prólogo los nombres de los escritores puertorriqueños cuyas obras me impresionaron cuando las leí por primera vez hace más de tres decenios, en especial por su vigorosa exploración del ser nacional en diversas circunstancias y momentos históricos. Sin mencionar a ninguno en particular, debo admitir que ciertos autores conquistaron rápidamente mi admiración, entre otras cosas por el acabado manejo del español puertorriqueño, la destreza técnica, la garra expositiva y la desbordante imaginación.

Este libro, cuyo significativo título, *Ciudadano Juliá*, evoca el de una obra maestra del cine, es el resultado de una larga y paciente investigación sobre la narrativa de Edgardo Rodríguez Juliá (Río Piedras, Puerto Rico, 1946), notable escritor de su generación y autor de veinticinco títulos de crónica, narrativa y ensayo. Se trata de la tesis doctoral realizada por SaraMaría Rivas, profesora de español en el Departamento de Lenguas y Culturas Modernas y Clásicas de Georgetown College, Kentucky, Estados Unidos. La autora posee unas credenciales envidiables: dos licenciaturas, una en Salud y Recreación, por la Universidad de High Point en Carolina del Norte, y otra en Estudios Hispánicos, obtenida en la Pontifica Universidad Católica de Ponce en Puerto Rico, así como una maestría en Estudios Hispánicos en la misma universidad, y un Doctorado en Español por la Universidad de Illinois.

La doctora Rivas concentra su trabajo en el análisis de crónicas noveladas de Rodríguez Juliá, publicadas en el corto lapso de tres años: *La noche oscura del niño Avilés* (1984), *Tribulaciones de Jonás* (1981) y *El entierro de Cortijo* (1982), y aunque la historia, la sociología y la antropología cultural se amalgaman en la reflexión teórica y literaria de la autora, su aporte más original consiste en la propuesta de «lectura mesiánica» de estas obras de Juliá, tomando como referente el libro de Luis Osvaldo Zayas Micheli (1935), *Catolicismo popular en Puerto Rico* (1990), para quien la nación es «una comunidad de conciencia y una concepción del mundo», y no un simple conglomerado geográfico o político.

En el primer capítulo de su libro, la autora estudia la repercusión que han tenido en Rodríguez Juliá las contribuciones canónicas literarias de su país, las cuales forman la zapata para la interpretación histórica puertorriqueña. En el segundo capítulo explica el significado profundo de *La noche oscura del niño Avilés*, convertido en símbolo del sufrimiento del pueblo durante la época colonial, en la que éste fue sometido y privado de manejar las riendas de su destino.

Tribulaciones de Jonás le sirve de base, en el tercer capítulo, para describir las implicaciones de la «sociedad carismática», de acuerdo con uno de los tipos ideales construidos por Max Weber, caracterizada por la entrega incondicional del seguidor a su líder, su ciega adhesión, su carácter arbitrario e irreflexivo. Luis Muñoz Marín (1898-1980) fue un auténtico líder político, un intelectual que gracias en parte a su aureola redentorista, contribuyó a cambiar el rumbo de Puerto Rico al presentar en Washington, DC su proyecto de independencia de la isla, ser electo gobernador en las primeras elecciones libres de 1948, y convertirse en creador del Estado Libre Asociado de Puerto Rico. La obra de Rodríguez Juliá oscila entre la impresión que dejó el célebre líder en el autor cuando lo conoció siendo apenas un niño, y la crónica de su muerte, acaecida el 2 de mayo de 1980, dejando a su pueblo en una especie de orfandad política, y que puso fin a una época de notables transformaciones económicas, socioculturales y demográficas.

Al exponer su análisis de *El entierro de Cortijo* en el cuarto capítulo, la autora resalta la importancia del músico popular Rafael Cortijo en los sectores marginales de la sociedad. Estos, sobre todo negros y mulatos pobres, vieron en él a un líder que les insuflaba un nuevo sentido de identidad y orgullo emancipador nunca antes experimentado por ese segmento de la población tradicionalmente relegado.

El lector tiene en sus manos un libro que recorrerá con gran provecho, llevándole a reflexionar sobre el Puerto Rico de hoy y comprobar cuán vivo está en el inconsciente colectivo el dilema de la dominación neocolonial de la isla y cómo gravita en la dinámica nacional, dando origen a tantas obras de extraordinario valor literario. En *Ciudadano Juliá*, SaraMaría Rivas ha logrado realizar un minucioso y acabado estudio literario y sociológico de tres obras emblemáticas de Edgardo Rodríguez Juliá, uno de los escritores fundamentales de su país y del Caribe hispánico.

SaraMaría Rivas no solo ha desentrañado en *Ciudadano Juliá* las claves de la rica simbología contenida en la obra de Edgardo Rodríguez Juliá, así como la inestimable contribución del escritor a dilucidar la polémica sobre la identidad puertorriqueña, sino que ha ido más lejos, al reordenar el aparente caos de la historia de su país, estableciendo los puntos cruciales de cada etapa, desde la colonia hasta nuestros días, con su compleja urdimbre de obstáculos, dolor y heroísmo, luchas y avances, y lo ha hecho con amor y valentía, con respeto hacia la tradición intelectual forjada por los grandes maestros de la literatura puertorriqueña; pero también con una mirada escrutadora que todo lo capta, y palabras por lo general certeras que expresan su compromiso académico y personal con las mejores causas antillanas.

José Alcántara Almánzar
Santo Domingo, RD
Marzo de 2014.

De entrada

La historia de Puerto Rico presenta unas coyunturas resbaladizas, tomando en consideración su trayectoria accidentada e inconclusa. A la altura del siglo XXI la isla no ha podido definir de una forma determinante su estatus político. Este hecho evidencia la dificultad de los pensadores al intentar elucidar o entender tanto la historia como el alma puertorriqueñas. La formación del cuerpo puertorriqueño ha luchado incesantemente ante la encrucijada que le ha tocado vivir, debatiéndose a través de siglos entre fuerzas foráneas que asumen las riendas de éste sin un conocimiento profundo de la conciencia nacional de su pueblo. El estudio de los procesos históricos a través de la literatura, representa entrar en un mundo semificticio como lo es acercarse a ellos a través de textos históricos. Sin ánimo de privilegiar uno sobre el otro, como estudiosa de la literatura, he tendido a apoyarme en ella sin descartar los documentos históricos. La libertad que la ficción ofrece al autor de interpretar, alterar, modificar, mitificar, condenar o salvar eventos y personas se equipara a la labor de los historiadores y sociólogos. Este papel y función de los escritores ha sido instrumento útil para conocer diversas perspectivas sobre hechos de importancia en la formación de la nación puertorriqueña.

El 7 de mayo de 1996, en la Universidad Interamericana de Puerto Rico, se celebró un congreso en el que participaron tres insignes intelectuales puertorriqueños: el historiador Fernando Picó, la escritora Olga Nolla y el escritor de novelas, ensayos y crónicas Edgardo Rodríguez Juliá. El tema del encuentro giró en torno a la dilucidación del concepto de la nación puertorriqueña desde dos vertientes principales: la historia y la literatura. El congreso planteaba los límites entre ambas disciplinas y señalaba que la literatura ficcionalizaba los hechos; por lo tanto, no representaba el instrumento adecuado para entender la problemática de la puertorriqueñidad.

A partir de esta conferencia nace mi interés tanto por la obra de Rodríguez Juliá como por clarificar el concepto de la nación puertorriqueña. *Ciudadano Juliá* nace como consecuencia de interrogantes personales sobre la problemática nacional puertorriqueña y como obligación intelectual de notificar aspectos e ideas desarrolladas por el escritor. Reconozco que no es la única voz, sin embargo la favorezco ya que propone una perspectiva nacional novedosa y controversial, que abre debates iniciados en generaciones anteriores pero maduradas bajo la óptica rodriguejuliana.

Propongo una nueva lectura de tres textos de Rodríguez Juliá: *La noche oscura del Niño Avilés* (1984), las crónicas *Tribulaciones de Jonás* (1981) y *El entierro de Cortijo* (1982); sugiero una lectura mesiánica para comprender la formación de la nación puertorriqueña en su obra. Luis Osvaldo Zayas Micheli sostiene en su libro *Catolicismo Popular en Puerto Rico* que "[U]na nación es una comunidad de conciencia y una concepción de mundo" (9). Parto de esta coyuntura para ofrecer una lectura literaria de los movimientos mesiánicos con el fin de explicar la formación de la nación a partir de momentos caóticos. Como aseverara Zayas Micheli, en momentos de crisis la colectividad se aglutina desde la conciencia y, a partir de transformaciones sociales profundas y de la religión, el pueblo toma conciencia de grupo, de colectividad, de nación.

En el primer capítulo: "Edgardo Rodríguez Juliá: el peso de la herencia y su legado", hago un inventario temático de la literatura canónica que precedió y sentó las bases teóricas y sociológicas en la interpretación de la historia puertorriqueña y la memoria colectiva de su pueblo. Ubico al autor como partícipe y continuador del pensamiento puertorriqueño dentro de las letras del país. Subrayo sus aportaciones y los elementos que ha heredado de escritores anteriores.

En el segundo capítulo, *"La noche oscura del Niño Avilés*: peregrinaciones y raza en la construcción nacional del Siglo XVIII puertorriqueño", basado en esta novela que se ubica históricamente en el 1797, analizo el intento de formación nacional puertorriqueña en siglo XVIII interpretado y modificado por Rodríguez Juliá. Tomo en cuenta la importancia del movimiento mesiánico que se inicia a través del Niño Avilés y cómo queda inconcluso el proyecto nacional dentro de la novela. El texto se construye en torno a la fundación de la ciudad utópica Nueva Venecia, ciudad que quedó borrada de la historia a causa de un fuego. Se caracteriza la misma por ser un espacio donde reinaban los excesos. Además narra insurrecciones de esclavos, la decadencia dentro de la estructura católica y su lucha por legitimar el poder. La fundación de la Nueva Venecia está a cargo del Niño Avilés. Este niño es la mímesis del personaje histórico Juan Pantaleón Avilés de Luna Alvarado, inmortalizado por el pincel del pintor mulato puertorriqueño José Campeche. Como destacara el pintor es un infante que carece de extremidades; posee un cuerpo incompleto, interrumpido en su desarrollo. Este niño deformado puede ser considerado como un símbolo del sufrimiento del pueblo colonial; sometido e incapaz de controlar su destino. El autor se apropia de esta figura y la transforma en una imagen salvadora y fundadora de esta ciudad utópica: Nueva Venecia. Rodríguez Juliá manipula la historia, el pasado y el destino de la isla en esta novela.

El tercer capítulo, *"Tribulaciones de Jonás*: una historia incompleta"*, está basado en la crónica mortuoria del gobernador puertorriqueño Luis Muñoz Marín. En esta crónica, el narrador describe su percepción de la figura de Luis Muñoz Marín. Narra, cómo la imagen de éste, evoluciona al pasar de los años. Comienza su descripción cuando, ve al líder por primera vez, siendo el narrador un niño y cómo esta inicial admiración se transforma en un sentimiento encontrado una vez lo conoce más tarde en su vida y platica con él cuando el líder está en su etapa senil. Se contraponen pues el aprecio y admiración iniciales con su experiencia personal, luego de comprender como adulto, la plataforma política del líder y las consecuencias de la misma. El entierro de Luis Muñoz Marín refleja el fin de una época de grandes transformaciones de índole socio estructurales del pueblo puertorriqueño a raíz de cambios económicos provocados por éste. Muñoz Marín adopta una nueva forma de gobierno en la isla, el Estado Libre Asociado. Este sistema de gobierno representó una modificación drástica de sus inclinaciones políticas iniciales que fomentaban la independencia en la isla. El sistema económico agrario que prevalecía es sustituido por la industrialización. A este cambio ideológico se le añade un nuevo sistema de valores heredados de la sociedad estadounidense; sustituyendo de esta manera la religión católica por el consumismo.

El lector de esta crónica asiste al entierro del líder junto a su pueblo. Sugiere este entierro la posibilidad del fin de una era histórica y por ende de un sector de la población: el campesino, el jíbaro, personaje desplazado por el cambio económico social de la industrialización.

El cuarto capítulo, "*El entierro de Cortijo*: Maelo, forjador de la nación", está basado en la crónica que narra la muerte del músico Rafael Cortijo y analiza su vida e importancia en la música popular afro-caribeña. En esta obra se narra el sepelio del destacado músico. El pueblo que asiste a este entierro es considerado como el sector que nace al morir el campesino. Es una evolución o transformación socio-económica como consecuencia de los cambios establecidos desde la fundación del Estado Libre Asociado. Además del elemento musical de influencias africanas se destaca en esta crónica la desorganización del pueblo durante el proceso fúnebre. Rodríguez Juliá rescata el elemento racial fronterizo de sus novelas desarrolladas en el contexto del siglo dieciocho.

En este cuarto capítulo profundizo en un personaje negro como figura mesiánica, restándole validez a la aseveración de Antonio S. Pedreira en su libro *Insularismo*, sobre el elemento mulato y negro al establecer que éste "será siempre un elemento fronterizo. Es hombre de grupo que colabora y no crea, que sigue y no inicia, que marcha en fila y no es puntero. Por lo general, carece de fervores para ser capitán" (33). No descarto por completo sus planteamientos y utilizo su sugerencia de cómo hallar el alma puertorriqueña en la música y la literatura: "busquemos nuestra imagen en el baile y en su música" (150) ya que "para conocer el alma de un pueblo hay que recurrir a su poesía, a su pintura y a su música" (172).

La noche oscura del Niño Avilés, Tribulaciones de Jonás y *El entierro de Cortijo* están marcados de dualismos, dicotomías, irresoluciones y luchas del narrador ante la historia puertorriqueña. Puerto Rico continúa siendo una isla que se debate entre fuerzas opositoras y busca su legitimidad en sistemas socio-económicos heredados. La isla confronta una encrucijada histórica. Por un lado, sufre del legado del imperio español, un imperio en decadencia económica, política y cultural. Y por otro, mira hacia el joven imperio capitalista de Estados Unidos que le ofrece la posibilidad del progreso.

Entre estas sociedades, una en crisis ante la llegada de la modernidad y otra incipiente se intenta afincar una identidad única, nacional, puertorriqueña. A través de la metáfora de los movimientos mesiánicos, me acerco a la identidad nacional. Nacen estos movimientos a raíz de una vorágine o una experiencia extrema. Los movimientos mesiánicos creen en la llegada de una figura que salvará al pueblo en crisis de su presente caótico. Identifico estas experiencias contundentes como hitos históricos que en el caso de Puerto Rico lo son: la Guerra Hispanoamericana y el establecimiento del Estado Libre Asociado como forma de gobierno. Estos momentos históricos marcan un cambio drástico en la formación de la sociedad puertorriqueña. El vacío y la falta de estructura que surgen en momentos de crisis son sustituidos por la idea de la nación; es una necesidad de llenar el espacio y la anarquía.

En mi acercamiento al tema consulté los ensayos de escritores que ya se habían planteado el tema de la puertorriqueñidad e identidad nacional: Antonio S. Pedreira, René Marqués y José Luis González. Estos establecen discursos en los que se analiza la situación histórica social puertorriqueña tomando como punto de partida esta sociedad como resultado de un pasado colonial bajo la dominación española hasta 1898, y un presente colonial bajo el gobierno de Estados Unidos.

Coinciden los escritores en que la sociedad puerto-rriqueña vive en un estado de confusión y caos y que la nación está fragmentada y dispersa. Para entender estas fisuras, Pedreira analiza la situación isleña desde los años que precedieron a la Guerra Hispanoamericana. Afirma que, a la llegada de las tropas norteamericanas, existían los cimientos de una incipiente pero sólida nación puer-torriqueña que se ve interrumpida ante la invasión cultu-ral norteamericana. Marqués y González dirigen sus es-tudios al asentamiento y las repercusiones de esta presen-cia norteamericana. Según los autores, Puerto Rico es un pueblo dócil, dependiente y desorientado. La obra de Ro-dríguez Juliá le da continuidad al discurso nacional puer-torriqueño iniciado por Pedreira, Marqués y González, y le añade al discurso una historia imaginada. Rodríguez Juliá reinventa el siglo XVIII puertorriqueño en sus nove-las, y en sus crónicas presenta a dos figuras mesiánicas fallecidas y responsables de la construcción nacional puertorriqueña.

Estas construcciones nacionales, según la tradición de nuevos historiadores y críticos culturales, parten de la noción de que la identidad nacional es un constructo po-lítico. La nación llena el vacío social a partir de la desapa-rición de jerarquías anteriores como la iglesia católica, que se derrumba junto a los valores de la época con la llegada de la modernidad. Como forma de reforzar la le-gitimidad de la estructura del poder los símbolos cultura-les de la nación adquieren un aura sagrada; la nación asume la función de religión secular. Para unir la pobla-ción es necesario inventar una tradición cultural que dé cohesión al conglomerado nacional.

Estas religiones seculares son identificadas en los textos de Edgardo Rodríguez Juliá por figuras mesiáni-cas, como lo son el Niño Avilés, en *La noche Oscura del*

Niño Avilés, Luis Muñoz Marín en *Tribulaciones de Jonás* e Ismael Rivera en *El entierro de Cortijo*. Se intenta restablecer el orden y fundar la nación puertorriqueña o llegar a la tierra prometida luego de una peregrinación con sus líderes. La insistencia en la identificación de un líder para salvar al pueblo subraya la ausencia de éste. Los movimientos mesiánicos, a su vez, tienen la característica de ser cíclicos y no lineales; por lo tanto, están en constante inventario.

Las fundaciones, peregrinaciones e interrupciones colman los textos de Rodríguez Juliá, además de procesos, procesiones, reflexiones y entierros. A través de estos éxodos, arguye Juan Gelpí —en su libro *Literatura y paternalismo en Puerto Rico*—, que el narrador busca legitimar su autoridad y organizar el caos. El concepto de la fundación nacional en estas narrativas tiene una doble función: la organización del pueblo y de la sociedad. Benedit Anderson asevera que las naciones son "an imagined political community" (6) de manera que esta construcción cumple con la ilusión de dar orden a la sociedad en caos.

Al igual que Anderson señalara que la nación es una construcción imaginaria, el lector de los textos de Rodríguez Juliá puede llegar a la misma conclusión, ya que sus textos terminan en fundaciones de ciudades utópicas inconclusas y en entierros de figuras mesiánicas. Oscila la narración entre fundaciones y caos. Entre estas fisuras busco su verdad, su mensaje o su función como escritor. Propongo, pues, que posiblemente el autor sugiera un viaje a la semilla, al inicio, pero a un inicio propio y no uno heredado de España o Estados Unidos. Inauguro este viaje con sus novelas que se desarrollan en el siglo XVIII, ya que como sugiriera Doris Sommer con respecto a la novela latinoamericana del siglo XIX: "literature has the capacity to intervene in history to help construct it" (10).

Utiliza Rodríguez Juliá su narrativa para establecer como indicara Doris Sommer en *Foundational Fictions:*

[T]he need to fill in a history that would establish the legitimacy of the emerging nation and by the opportunity to direct history toward a future ideal" (10).

Como mencionara anteriormente, el Congreso celebrado en la Universidad Interamericana de Puerto Rico fue el motor de mi investigación y en él se planteó la idea de que la literatura no puede cumplir una función antropológica. Rodríguez Juliá, a través de la literatura, negocia —sino la historia— la historiografía puertorriqueña y utiliza el discurso como parte del proyecto nacional ofreciendo una perspectiva innovadora y actualizada. Sugiero, pues, una lectura hermenéutica para explicar la formación de la nación a partir de momentos caóticos. Planteo que los movimientos mesiánicos son procesos claves tanto en la historia como en las obras de Rodríguez Juliá analizadas, y que éstos preceden la formación nacional. Las figuras mesiánicas surgen en momentos sociales anárquicos y dan la ilusión de una comunidad que comparte una visión de mundo. Surge la nación como una necesidad de orden, dirección y sentido comunitario.

Rodríguez Juliá parte de hechos históricos vividos, imaginados y alterados del inventario puertorriqueño y, valiéndose del instrumento literario, plantea aspectos intrínsecos de la formación nacional isleña. Interpreta los hechos históricos bajo un lente personal, satisfaciendo vacíos tanto históricos como personales. Propone una nueva manera de interpretar aspectos socio-históricos. Parte el autor de tragedias humanas e históricas para detener la historia, reflexionar y traducir en literatura la trascendencia de estas fatalidades, como lo son un siglo ignorado o las muertes de héroes nacionales.

Edgardo Rodríguez Juliá es un autor de una importancia trascendental en las letras puertorriqueñas, que continúa aportando y analizando la cultura puertorriqueña y que, a pesar de pertenecer a la cultura letrada, se pasea por las parcelas de la cultura popular para darle a Puerto Rico una historia desde los sectores marginales de la sociedad. El autor reconoce la importancia y la fuerza de este sector de la sociedad. Uno de sus mayores aportes es darle jurisdicción dentro de la construcción nacional puertorriqueña utilizando su voz, sin ánimo de convertirla en un espectáculo costumbrista. Esta voz es una interpretación del grupo social periférico, muchas veces despreciado por la clase dominante del país.

La irreverencia con que trata temas tanto sagrados como otros minimizados u olvidados, representa una trasgresión temática por parte del autor. A través del humor, revela verdades muy profundas y contundentes que crean un diálogo necesario, vivo y activo entre literatos, sociólogos e historiadores. Me uno al diálogo que incita su obra e interpreto sus observaciones bajo el lente de la religión popular.

CAPÍTULO I

El peso de la herencia y su legado

El estudioso interesado en entender la sociedad puertorriqueña —su formación racial, cultural y nacional— encuentra un mapa actualizado del quehacer isleño al adentrarse en la obra de Edgardo Rodríguez Juliá, uno de los escritores más prolífico de la isla. La preocupación de entender las transformaciones sociales de Puerto Rico ha sido el centro de su creación literaria. Su estilo innovador radica en su condición y experiencia elitista que escribe bajo un lente popular. Su particular enfoque es entendible si visitamos a los escritores canónicos que le precedieron. El presente capítulo es un preámbulo al mundo literario que ha influenciado a Rodríguez Juliá y a las letras puertorriqueñas en general. Establezco un orden cronológico de los escritores canónicos interesados en desentrañar la eterna pregunta de identidad, ¿cómo somos? Además, señalo las contribuciones que el autor ha aportado al campo literario puertorriqueño que han servido de herramienta para actualizar el análisis socio-político isleño.

Recorrido por el contexto histórico-literario

La literatura puertorriqueña, a través de generaciones, se ha dado a la tarea de interpretar y analizar la situación político social de la isla. Rodríguez Juliá sigue esta tendencia. El autor pertenece a la generación de escritores que publican en los 70's. Esta promoción se distingue por su propensión a analizar la historia desde su presente y reconsiderar los hechos desde una perspectiva que actualiza los debates nacionalistas ya existentes. En ellos sobresale el ánimo de presentar la realidad histórica y sus consecuencias en el presente desde una perspectiva antes ignorada y subestimada, que es la historia escrita recogiendo la experiencia inmediata de la cultura popular puertorriqueña. Rodríguez Juliá, en su interés por presentar una versión más rentable de la isla, utiliza los géneros de la novela y la crónica. Es valioso el aporte del autor, ya que renueva no sólo la manera de entender los procesos históricos en sus textos, reinventando la historia, a la vez que ofrece un mapa que permite entender la evolución de la nacionalidad puertorriqueña. El autor sustituye el ensayo y la visión de la generación treintista por otras formas literarias. En sus novelas, al igual que en sus crónicas, utiliza peregrinaciones fundacionales como metáforas dentro del tema de la puertorriqueñidad.[1]

La tradición ensayística treintista hasta el presente, ha representado un instrumento vital para los pensadores puertorriqueños interesados en los planteamientos del trayecto histórico en Puerto Rico. A través del ensayo se plantea cómo se reflejaba el proceso de formación colonial, su repercusión en el presente y su visión del futuro de la isla. Cronológicamente, partiendo de la ensayística del treinta, los documentos más representativos en el estudio del fenómeno histórico-social que representa el caso de la colonia perenne de Puerto Rico se encuentran Antonio S. Pedreira; *Insularismo* (1934); René Marqués *El puertorriqueño dócil* (1962) y José Luis González *El país de cuatro pisos* (1980). A estos textos, se les suman las narraciones

---

[1] Estas cruzadas son el elemento de análisis del presente proyecto como parte fundamental de los movimientos mesiánicos.

de Edgardo Rodríguez Juliá publicadas durante la década de los ochenta; sobre todo la novela *La noche oscura del Niño Avilés* (1984), las crónicas *Tribulaciones de Jonás* (1981) y *El entierro de Cortijo* (1982), escritos principales del autor para poder entender el proceso de formación nacional en su obra. Cada uno de estos escritos representa un momento vital dentro de la formación nacional puertorriqueña dentro del universo rodriguejuliano.

A pesar de la distancia generacional que separa a Rodríguez Juliá de la tradición ensayística de los años treinta, es primordial reconocer que es el marco a seguir o desmantelar, al tratar el tema de la nación puertorriqueña. Para este grupo de escritores, la preocupación principal estriba en la fuerza divisoria entre el pasado colonial español y el —igualmente colonial— presente estadounidense. Pedreira lo resume de la siguiente manera en su libro *Insularismo*:

> Nuestra generación, cogida entre dos fuegos [de un lado la cultura española que le habla al sentimiento, y de otro la norteamericana, que se dirige al pensamiento], se ha venido alimentando pasivamente de recuerdos y promesas, de nostalgias y presentimientos, de logros y esperanzas, sin poder despojar la incógnita de su presente. (144)

Sobre los escritores de la Generación del Treinta, René Marqués comenta, en el prólogo de sus *Cuentos puertorriqueños de hoy*, que su promoción literaria es, quizás, el primer movimiento literario consciente de una voluntad nacional en la isla:

> Lo significativo de esta década es el esfuerzo consciente de los escritores por lograr una ubicación auténticamente puertorriqueña frente a dos fenómenos de consecuencias graves: la tradicional dependencia literaria del escritor insular en

relación a España, y, la alarmante penetración política, económica y cultural de Norteamérica en la isla. (13)

Dentro de la tradición ensayística, *Insularismo* se considera como la obra que fundamenta el discurso de autodefinición y que, en gran medida, establece las bases para las obras posteriores. En su texto, enfatiza la importancia de la evolución histórica. Utiliza la metáfora de un viaje por el mar para describir el desarrollo de la realidad puertorriqueña. En este sentido, logra conciliar la opinión de sus seguidores al identificar ciertos hitos dentro de la historia puertorriqueña: el descubrimiento, la Guerra Hispanoamericana en el año 1898 y su presente, la década de los treinta.

La imagen de una barcaza en el medio del mar sugiere la interpretación de la isla vista como una realidad apresada entre dos enormes fuerzas que la comprimen; en este caso, su intencionalidad metafórica no alude a la situación real del Mar Caribe y Atlántico, sino a las fuerzas que se oponen en la disputa por el territorio puertorriqueño, representadas por los dos imperios —España y Estados Unidos—, que durante la Guerra Hispanoamericana del 1898, provocan lo que él identifica como la pérdida de dirección en un momento histórico en que la isla estaba en vías de una posible autonomía.

Apunta el autor, como uno de los mayores problemas de Puerto Rico durante aquellos años, la espera de ayuda externa para resolver problemas internos. Su clara postura se basaba en el planteamiento que era la responsabilidad y el deber de los puertorriqueños, idear y liderar dentro de sus propias fronteras, las posibles alternativas que les llevasen a un adecuado sendero de entendimiento y resoluciones:

Nacimos y crecimos en colonia y en colonia pensamos y actuamos esperando una patria por prescripción. Nuestra aguja vital ha oscilado siempre entre dos puntos extramurales: Madrid y Washington. A esa distancia nos han tomado el pulso; de allá nos ha venido el recetario. (*Insularismo* 127)

La fatiga intelectual del autor ante el pasado inmediato y el vago presente se evidencia en observaciones que delatan la irresolución de su propia capacidad como analista. En *Insularimo* hace referencia al concepto de varias maneras: "es difícil definir a un pueblo" (23); es un "pueblo indefinible" (24); la situación es muy compleja ya que "somos un pueblo difícil de complacer porque somos difíciles de comprender" (26). Es indispensable para este intelectual, preocupado por hallar una definición unívoca y excluyente a nuestra realidad insular, enfocar no solamente en rasgos de personalidad compartidos, sino: "señalar los elementos dispersos que pueden dar sentido a nuestra personalidad" (28).

En ese intento por acercarse a un concepto intrínseco, utiliza adjetivos para describir al pueblo; siempre relacionados con estados físicos y anímicos perturbadores: "somos un pueblo triste" (39), "un pueblo deprimido" (39), "vegetación anímica" (44), "desventurado, pobre y flaco" (49), "isla diabética" (116), "nuestra vida anémica" (116). Pedreira indica que la esperanza de este pueblo infantil o la solución a la "vieja niñez prolongada" (121) está en manos de los jóvenes intelectuales; en su dominio está el futuro más esperanzador de la isla.

En tres apartados del extenso ensayo hace el llamamiento a la juventud letrada, exhortándola a tomar las riendas del futuro de Puerto Rico.

La juventud es la llamada a esclarecer nuestros altos menesteres: descostrando la turbamulta de conceptos elementales, adheridos cómodamente a nuestra periferia colectiva, ha de buscar en los repliegues de nuestro vivir aquellos puntos concretos en que se apoya nuestra personalidad. (129)

Esta exhortación, así como la esperada respuesta, es la solución óptima para empezar a recorrer el camino. Curso poblado del mayor de los obstáculos; lo que el autor identifica como la falta de determinación y compromiso social de la población puertorriqueña. Pedreira lo intuye, lo percibe, incluso alude a la docilidad reflejada tanto en su carácter como en el himno nacional al son de una danza. Pone de relieve la brevedad de la militancia del pueblo aludiendo que "[N]uestras rebeldías son momentáneas; nuestra docilidad permanente" (36). Siguiendo su concepto didáctico aleccionador, señala los errores subrayando la indiferencia: "modorra mental" (44), "ausencia de acometividad" (44) y "vegetación anímica" (44). Es indispensable conocerlos, aceptarlos, superarlos para evitar repetirlos y salir de esta etapa que caracteriza a los puertorriqueños como "malhumorados y no constructores" (167). Sólo una vez alcanzada esta meta podría plantearse edificar un futuro para la isla.

René Marqués, en el ensayo "El puertorriqueño dócil", sigue la temática expuesta por Pedreira sobre la tendencia a la subordinación en el carácter del puertorriqueño. Este ensayo nace a manera de contestación a un comentario hecho por el crítico literario estadounidense Alfred Kazin, quien observara en 1960 que el pueblo puertorriqueño era predominantemente manso. Marqués reconoce con ejemplos la exactitud de las observaciones de Kazin y condena la reacción negativa que tuvo el pueblo al leer su caracterización. El autor subvierte el rencor que provocaron sus observaciones y redirige el enfoque hacia el pueblo que originó el comentario.[2] Utiliza la coyuntura para, al igual que Pedreira, señalar los males de su pueblo pero, a diferencia de su antecesor, no ofrece una solución o esperanza.

Marqués inicia su ensayo definiendo el término de docilidad apoyándose en el *Gran Diccionario de Sinónimos y Antónimos* de Roque Barcia, en el cual se dice que la docilidad es:

> [C]arecer de fuerza y aun de voluntad para oponer resistencia a lo que los demás exigen, insinúan o mandan; cierta como propensión a obedecer, a seguir el ejemplo, la opinión, el consejo de los otros, lo cual nace ya de propia debilidad y flaqueza, ya de ignorancia, ya de desconfianza de la propia inteligencia, conocimiento o fuerza. (154)

En otras palabras, el autor alude a un sentimiento de inferioridad o como ha sido categorizado en el transcurso de los años: en la década de los 20 el puertorriqueño era considerado como un ser *aplatanado y ñangotado*; en la década de los 30, *resignado y fatalista*; en los 40 *pacífico y tolerante* y en los 60, *democrático*. Lo que sorprende al escritor es la brecha que separa el concepto de su esencia (el cómo son) y la percepción propia (cómo se ven a sí mismos). Marqués señala la incongruencia entre la personalidad pasiva de los puertorriqueños y su producción literaria. Por un lado son tildados de mansos, pero su literatura parece estar colmada de violencia. Considera el autor que esta vehemencia es una máscara de su cobardía, si se toman en cuenta que las instancias en que su carácter es

---

[2] Artículo publicado originalmente en la revista *Commentary* y más tarde en el diario puertorriqueño *The San Juan Star* bajo el título "A critical view at Puerto Rico".

indomable es en forma de verdugo hacia el más débil. Los ejemplos específicos que utiliza son la Guerra de Corea y la literatura. En el campo de la política equipara dos partidos opuestos en sus ideales: el partido anexionista y el partido con tendencia independentista conocido como el Partido Nacionalista. Cuando hace referencia al Partido Nacionalista considera que sus insurrecciones no tienen una sabia organización y que, lejos de buscar la libertad, el fin de sus rebeliones es morir. Esta es una postura martirizada en la que se opta por la renuncia antes que por la verdadera lucha. Iguala la condición de los nacionalistas y los anexionistas como una despreciable, pues ambas plataformas políticas son dominadas por un instinto suicida:

> No se crea que en la expresión política sean los nacionalistas los únicos en dramatizar, dentro de la sociedad puertorriqueña contemporánea, el impulso es autodestructor. Bien es cierto que en estos la expresión es más espectacular por tratarse de suicidio físico. Sin embargo, en el extremo opuesto, los asimilistas, estadoístas o anexionistas muestran en su psicología y en diversos grados, claros síntomas suicidas, aunque en ellos el irreprimible impulso de autodestrucción no se manifieste en el plano físico, sino en el moral y espiritual. Tomando como pretexto ideologías opuestas, la nacionalista y la anexionista coinciden en el deseo urgente de autodestruirse. Hay una diferencia, sin embargo: el nacionalista logra casi siempre y literalmente sus propósitos: muere de modo violento. El anexionista, en cambio, es un muerto en vida. (164-165)

Luego de aproximadamente dos décadas de la publicación de *El puertorriqueño dócil*, José Luis González es abordado por un grupo de estudiantes puertorriqueños preocupados por la influencia norteamericana en el país y su repercusión en la cultura isleña. El autor reflexiona sobre las inquietudes de los jóvenes y construye el ilustre ensayo *El país de cuatro pisos*. Al igual que Pedreira, González recurre a imágenes metafóricas para explicar la trayectoria histórica, la presente situación y el posible futuro de la isla. En este caso no utiliza la embarcación de la que se sirviera Pedreira anteriormente. Su imagen plástica la toma del arte arquitectónico: una edificación de cuatro pisos independientes entre sí, pero irremediablemente conectados por una vértebra común. González acomoda en cada piso los distintos grupos étnicos y raciales que han conformado al ser puertorriqueño, así como sus particulares circunstancias. En un estricto orden cronológico ubica, en primer lugar, los negros africanos; en segundo, la oleada migratoria de refugiados de las colonias hispanoamericanas en lucha por su independencia. El tercer piso corresponde a la invasión norteamericana a finales del siglo XIX y el cuarto piso se constituye a partir de la década de los 40 y las consecuencias que sufre el pueblo puertorriqueño a raíz de la creación del Estado Libre Asociado como nueva forma de gobierno.

González inicia el ensayo estableciendo primeramente lo que él entiende por 'cultura puertorriqueña'. Parte de la premisa de que posiblemente su visión no coincida con la de gran parte de la intelectualidad isleña, ya que "contradice muchas de las ideas que la mayoría de los intelectuales puertorriqueños han postulado durante varias décadas como verdades establecidas" (12). Basa su concepción sobre la cultura en ideas sociológicas que sostienen que las comunidades están divididas en clases y destaca como las principales las que se oponen entre sí: "la cultura de los opresores y cultura de los oprimidos" (13). Asevera que a pesar de que coexisten ambas culturas no significa que se conviertan en una o que se equiparen. Añade que, en apariencia, podría hablarse de tres culturas: la dominante, la dominada y la general.

El ensayo se torna innovador cuando establece que la cultura que nació primero fue la cultura popular y que en Puerto Rico ésta era la de mayor importancia desde un punto de vista económico y social. El componente social y racial español pasa a ser la cultura dominante y el elemento indígena es minimizado, tomando en consideración su exterminio casi en su totalidad en un término de alrededor de tres décadas. Es por esta razón que este grupo queda excluido en su estructura literaria y social.[3]

Es de uso común señalar que la cultura puertorriqueña se debilita ante la presencia norteamericana en la isla. Estados Unidos es considerado como una fuerza destructora en Puerto Rico. González[4], al analizar la influencia norteamericana en la isla, descarta la asimilación de los puertorriqueños ante esta foránea presencia y la describe como un "trastrocamiento *interno* de valores culturales" (29). De hecho, no considera que haya habido una pérdida, un desgaste o: "un deterioro sino más bien un desarrollo" (29). La peor consecuencia de la presencia norteamericana se resume en la combinación del capitalismo y "el populismo oportunista puertorriqueño" (39) a raíz de la forma gubernamental del Estado Libre Asociado; según el autor, no es otra cosa que "colonialismo norteamericano" (39). En nombre de la modernización la isla ha sufrido serias consecuencias como lo son:

---

[3] A pesar de la diferencia en su concepción racial en Puerto Rico, González coincide con Pedreira al afirmar que cuando llegaron los norteamericanos Puerto Rico ya era una nación y tenía su propia cultura nacional. Pedreira se refería a esta en términos del *alma puertorriqueña*. González insiste en derrocar el mito de unidad o uniformidad nacional; en todo caso reconoce "una diferencia de *tradición cultural*" (25).

[4] González es reconocido por su posición ideológica de izquierda y recordado por haber renunciado a su ciudadanía estadounidense.

[D]esempleo y marginación masivos, dependencia desmoralizante de una falsa beneficencia extranjera, incremento incontrolable de una delincuencia y una criminalidad en gran medida importadas, despolitización e irresponsabilidad cívicas inducidas por la demagogia institucionalizada. (39)

González reconoce que la asociación con los Estados Unidos de América estaba asentada sobre unas bases de desarrollo económico y político que, por otro lado y, a pesar de haber sido viables en otro momento, estaba destinada al fracaso a largo plazo, ya que crearía la dependencia colonial. Recomienda y visualiza que para Puerto Rico la única forma viable para edificar o "reconstruir la sociedad puertorriqueña" es una alternativa bajo un "socialismo democrático, pluralista e independiente" (40). En cambio, Pedreira idealizaba el pasado español y veía la presencia de Estados Unidos como responsable de los males:

> [S]i es verdad que tenemos más escuelas y más centrales y más oficios y más de todo, no es menos verdad que también hemos aumentado fabulosamente el número de quiebras, de suicidas, de locos, de criminales, de tuberculosos, de fraudes, de peones y en general de infelices. El aumento de la población no justifica proporcionalmente el auge que ha adquirido nuestra desgracia colectiva. (*Insularismo* 87)

González considera que los responsables de todos estos males sociales son los puertorriqueños y no los visitantes, específicamente el gobernador Luis Muñoz Marín, al establecer la forma de gobierno del Estado Libre Asociado en 1952. La respuesta a los problemas sufridos a consecuencia de esta unión no se encuentra en la idealización de los tiempos de España sino en el futuro:

[R]econstruir hacia delante, hacia un futuro; hacia un futuro que apoyándose en la tradición cultural de las masas populares, redescubra y rescate la caribeñidad esencial de nuestra identidad colectiva" (40).

No hace un llamado a la intelectualidad puertorriqueña, más bien enaltece a la clase popular y sugiere un reenfoque en el que este sector marginal aparece redimensionado en su grandeza y sostiene que en él está el futuro de Puerto Rico y no en la cultura letrada. Aventaja a la periferia situándola en un lugar de importancia hasta ese momento ignorado por esta intelectualidad.

Nueva página en el canon literario

Siguiendo la trayectoria de los intelectuales puertorriqueños y la preocupación por la historia social de la isla o, como dijera Angélica Barceló de Barasorda en el Prólogo de *Insularismo*: "una interpretación de nuestra historia y de nuestra psicología colectiva" (17), Edgardo Rodríguez Juliá, a través de sus novelas que se desarrollan en el siglo XVIII y sus crónicas en la década de los ochenta construye —o reconstruye— la idea de que es parte de la intelectualidad isleña la responsabilidad de dilucidar el pasado, el presente y el futuro de Puerto Rico. Reinventa formas de narrar para "expresar un Puerto Rico contemporáneo" (*Mapa* 222).

En las novelas que se sitúan históricamente en el siglo XVIII enaltece, al igual que lo hiciera José Luis González, la figura subalterna en busca de una nueva manera de entender la historia:

Esta imagen de la cimarronada tanto blanca como negra está en el fundamento de la nueva historiografía puertorriqueña, tan dada a bucear en lo popular y lo marginal como fuentes de explicación, no sólo de nuestro pasado colonial, sino también de nuestro presente político, donde la idea de la nacionalidad no convive necesariamente con la idea de la independencia política. (221)

La escritura se convierte en un ejercicio de reapropiación donde la función del escritor es redimir su pasado:

> El rescate del pasado por el colonizado siempre tiene esa connotación de lucha con *el otro* que le ha robado parte de su tiempo. Nuestros pasados son nuestros sólo a medias, en el caso de Puerto Rico el presente es nuestro sólo a medias. (*Caribeños* 15).

La responsabilidad asumida por el autor para negociar y testificar el pasado y el futuro de la isla indican que Rodríguez Juliá encarna la intelectualidad a quien Pedreira, a la altura de la década de los treinta, exhortara a tomar las riendas del país. Pedreira, Marqués, González y Rodríguez Juliá, en el momento en que escriben, guardan en común su visión pesimista del presente de Puerto Rico.

Rodríguez Juliá adopta en sus planteamientos, corrientes de pensamiento evidentes del autor más distante, Pedreira, y del más cercano cronológicamente, González. En *Tribulaciones de Jonás*, en la sección de reconocimientos que antecede la crónica, hace alusión directa al ensayo de Pedreira, apuntando la importancia de éste en sus años de formación académica cuando el texto era parte del currículo:

> ¿Cómo agradecer la vida? Un abrazo a mis padres... a Rafael Añeses, ese Quijote de la educación, mi primer maestro, porque durante todo un semestre estudiamos *Insularismo*. (*Tribulaciones* 12)

Coloca en un mismo plano las figuras más significativas que han hecho su vida más agradable: su familia, los maestros que le recuerdan a míticos héroes y a la literatura. Esta admiración y agradecimiento los vemos convertidos en influencia en su obra. Juan Gelpí lo reconoce en su destacado libro: *Literatura y paternalismo en Puerto Rico,* que mencionara anteriormente y que fuera publicado por primera vez en el 1994. Gelpí equipara el estilo en las crónicas de Rodríguez Juliá con el de Pedreira en el insistente afán que ambos autores manifiestan al intentar organizar al pueblo y sacarlo del caos. Es un reflejo de una actitud mesiánica, paternal, patriarcal:

> En *Tribulaciones de Jonás* la caracterización de la histeria puertorriqueña muy bien podría remitir a la inquietud que le causa el 'caos' o la falta de control del entierro. Pedreira manifiesta una inquietud semejante en la década de los treinta cuando emplea una metáfora reveladora: en *Insularismo* ve al país como una nave al garete. Claro está, en esa retórica se encuentra implícito un gran deseo por parte de Pedreira de controlar el país. A Rodríguez Juliá también parecería interesarle ejercer ese control sobre el país, aunque enuncie desde un género literario distinto. (Gelpí 56-57)

Rodríguez Juliá al igual que Pedreira, dedica gran parte de su obra a acotar un espacio en el que diagnostica los males del país y, a partir de ahí, intenta entender los elementos heterogéneos que constituyen al pueblo puertorriqueño.[5]

---

[5] En su producción literaria, Edgardo Rodríguez Juliá, enfatiza la historia del siglo XVIII y los funerales de figuras destacadas del siglo XX y, en sus representaciones, subraya la importancia de elementos que generalmente se han relegado a los márgenes o al silencio de la versión dominante de la historia del país. En las novelas desarrolladas en el siglo XVIII llena y crea lo que historia escrita omite, en las crónicas del siglo XX busca llenar los espacios existenciales que dejan en él y en el pueblo las muertes de dos

Su narrativa trasciende los momentos históricos y se dedica no solo a señalar sus deficiencias sino a completar los espacios que la historia no registra.

Entre aportes principales que el autor nos ha legado a través de su literatura está el concederle al país el retorno o la evocación del Siglo XVIII, el Siglo de las Luces, del nacimiento del Racionalismo. Retoma personajes que rescata de la historia, otros los idea desde su imaginación, creando circunstancias casi rocambolescas. Mezcla una variedad de personajes principalmente fronterizos; negando de esta manera la caracterización de Puerto Rico como un "país sin epopeya, sin hondas gestas heroicas, sin gruesas manifestaciones históricas" (*Insularismo* 101). Otorga así a los puertorriqueños el protagonismo de una gran historia y, de paso, objetando la noción de Pedreira de que en Puerto Rico: "No hubo insurrección valedera en nuestra historia" (62). Los temas principales en las novelas de Rodríguez Juliá ubicadas en el siglo XVIII son las insurrecciones de esclavos negros y las fundaciones de ciudades fantásticas.

Como hemos visto, en repetidas ocasiones Rodríguez Juliá ha dicho que su fascinación por el Siglo XVIII se debe a que, al escribirse la historia de Puerto Rico, este siglo es tratado con ligereza; es considerado un siglo insignificante en la formación histórica. Recordamos que Pedreira hizo hincapié en la idea de restarle importancia al siglo XVIII, aseverando como un hecho que nada de relevancia había sucedido, y en su extenso ensayo de *Insularismo* no dedica más de dos páginas en las que lo único que repite es la limitada trascendencia histórica de la época:

---

figuras vitales en la historia de Puerto Rico: Luis Muñoz Marín y Rafael Cortijo.

Si en el siglo XVIII la producción artística se atrofia y languidece en la península, en Puerto Rico no hay que considerarla en forma alguna. Se desconocen la imprenta y el arte literario. Digamos, sin eufemismos, que el siglo XVIII sigue siendo una gran laguna de nuestra historiografía. Las pocas noticias anchas que de él tenemos indican, por ahora, que no se alteró fundamentalmente en nada la gestación pausada y descolorida de la conciencia puertorriqueña. (76-77)

En su misión de reivindicar el siglo XVIII puertorriqueño, Rodríguez Juliá en la novela *La noche oscura del Niño Avilés*, primera novela enclavada en el siglo XVIII y perteneciente a la trilogía *Crónicas de Nueva Venecia*, narra la revuelta de un pueblo negro y enfatiza su insubordinación. En ella resalta el comportamiento de inconformidad, de ansias de libertad, frente a la idea de sometimiento y resignación. A este levantamiento por parte del pueblo negro le precede un incidente inspirado en el famoso pasaje bíblico con el que se inicia el principio mítico de Moisés: un niño abandonado en el mar. Juan Avilés, personaje en la novela, lo rescata y, en honor a su salvador, recibe el niño su nombre: el Niño Avilés. Según la trilogía, *Crónicas de Nueva Venecia*, proyecto inconcluso del autor, fundará una ciudad ideal que será conocida con el nombre de Nueva Venecia.[6] La rebelión narrada en la novela se produce entre dos bandos, los esclavos, capitaneados por el negro Obatal que representa al pueblo esclavo contra la bandería dirigida por el Obispo Larra, cabeza de la Iglesia Católica. En esta

---

[6] En torno a sus novelas del siglo XVIII, Rodríguez Juliá dice: "Mis novelas del dieciocho están llenas de procesiones, marchas y comparsitas. Estas peregrinaciones son los intentos por fundar un espacio, quizás una imagen. Mis novelas padecen el trasiego, la inquietud de una sociedad a medio hacer, que está por definirse. Nuestras mejores ciudades son las utópicas; las otras son las encrucijadas de las incesantes comparsas y peregrinaciones del colonialismo, del exilio y la emigración."(*Caribeños* 62-3)

revuelta el caudillo Obatal toma posesión de la ciudad de San Juan Bautista de Puerto Rico. Esta historia se nos revela a través de personajes que son cronistas.

El autor utiliza ciertas modalidades estilísticas que, en el contexto de la novela, añaden elementos de veracidad y dan la impresión formal de documental histórico. Integra a la narración, crónicas, documentos y artículos periodísticos que entrelaza con personajes ficticios que emulan a personajes reales como Campeche, el Niño Avilés y el obispo Tres Palacios. Los historiadores conservadores del país no acogieron con receptividad la novela ya que consideraban su tratamiento de hechos históricos ficcionalizados como una tergiversación de la historia de Puerto Rico, y sus anacronismos fueron señalados como errores imperdonables por la irreverencia que representaba ante los documentos oficiales.[7]

En el ensayo "Historia y heterogeneidad en la ficción actual", George Yúdice describe como nuevas tendencias en las novelas históricas la destacada mezcla de elementos discursivos, ya que estos "(re)introducen la heterogeneidad en la historia" y contrasta esta diversidad con la literatura testimonial y su lugar de enunciación que también

---

[7] El 23 de diciembre de 1983, Luis López Nieves publica en el semanario puertorriqueño *Claridad* un cuento "Seva: historia de la primera invasión norteamericana de la Isla de Puerto Rico, ocurrida en mayo de 1898". El cuento altera la versión histórica de la invasión norteamericana creando un espacio histórico-ficticio. La recepción que tuvo en el momento de la publicación fue inesperada pues fue tomada como un hecho real creando un estado de alarma general. En la narración se aludía a que los documentos que apoyaban esta teoría habían sido encontrados por un historiador, Víctor Cabañas, y que este había desaparecido a raíz de su hallazgo. Al igual que Rodríguez Juliá en sus novelas desarrolladas en el siglo XVIII utiliza textos para legitimar la historia. Incluye diarios, mapas y fotos. Guarda en común con las novelas de Rodríguez Juliá que desmitifican el mito de la docilidad del puertorriqueño.

glorifica la diversidad pues "procura hacer una historia a partir de las experiencias, generalmente de opresión y victimización, de grupos subordinados" (331). Nace esta tendencia al actualizar paradigmas heredados de la colonización que señalaban ser el único instrumento de reportar la experiencia vista o vivida en tiempos de conquista por parte de la clase dominante. Rodríguez Juliá imita y satiriza estas formas en sus novelas posicionadas históricamente en el siglo XVIII y las actualiza en sus crónicas basadas en los entierros de Luis Muñoz Marín y de Rafael Cortijo. La incursión de Rodríguez Juliá en la crónica como método discursivo es la culminación de una tendencia literaria muy antigua en la isla.

La crónica: una trasgresión literaria

La tradición cronística se inicia en la isla a través de escritores como Pedro Mártir de Anglería, Bartolomé de Las Casas, Hernando Colón, Fray Ramón Pané y Gonzalo Fernández de Oviedo. Puerto Rico comienza a aparecer como tema cuando los cronistas mencionados, partiendo de observaciones de Cristóbal Colón, deciden documentar con investigaciones historiográficas esos vacíos informáticos que sus escritos poseían.

Josefina Rivera de Álvarez, en su libro *Literatura Puertorriqueña: su proceso en el tiempo*, señala que los temas principales en estas crónicas eran las impresiones de los conquistadores sobre diversos asuntos tales como:

> [L]a naturaleza y los seres humanos, la religión y los ritos, costumbres, manera de vida y alimentación, armas, etc., de los indios, y también las luchas de los españoles con los aborígenes por la conquista de la tierra, el inicio de la colonización con los acontecimientos más sobresalientes en aquellos tiempos épicos. (20-21)

De esta manera, siguiendo la lógica extendida por casi toda América, son los europeos el primer modelo de escritura que se tiene en la isla; por lo tanto, es entendible que se imite y repita su estilo. Carlos J. Alonso, en su libro *The Burden of Modernity*, discute esta influencia innegable adjudicándole un carácter de arraigo total. Entre los elementos más copiados de los europeos destaca, la actitud elitista y "the colonizer's sense of superiority" y como consecuencia se transcribe en los textos mediante "the marginalization" (16). Es precisamente este espíritu de superioridad uno de los elementos que se espera sean superados por los cronistas del siglo XX. En palabras de Yúdice:

> La misión del escritor de testimonios es desenterrar historias reprimidas por la historia dominante, abandonar el 'yo burgués' para permitir que los testimonialistas hablen por cuenta propia, recrear el habla oral y coloquial de los narradores-informantes, y colaborar en la articulación de la memoria colectiva. (344)

Edgardo Rodríguez Juliá parece no abandonar su *yo burgués* en sus crónicas; de hecho, Gelpí subraya este distanciamiento del escritor:

> Rodríguez Juliá no habla con el 'pueblo'. Más bien coincide con las clases populares en los espacios públicos, incorpora su oralidad y especula sobre ella, pero siempre se mantiene distanciado (59).

Entonces, hay un doble distanciamiento, el del narrador y el del escritor. Se separa el narrador socialmente del objeto analizado y a su vez, se distancia del estilo tradicional ensayístico al usar el formato de crónica, lo cual representa una innovación.

Sin embargo, le da seguimiento y actualidad al debate sobre el estatus político de Puerto Rico desde la experiencia personal. Marqués ya había establecido la existencia de más de una cultura, desmitificando desde su inicio la falsa ilusión de agrupar uniformemente a un pueblo o como ha sido categorizada *la gran familia puertorriqueña*. Rodríguez Juliá se percata de la imposibilidad de alcanzar esta unidad pero la intenta establecer en sus obras:

> ¿Familia puertorriqueña o país de muchas tribus? La mitología a que nos obliga la muchedumbre se desmorona; esa cursilona ideología, que casi nos convence del ilusorio valor de creernos familia, aquí se derrumba. (*Entierro* 90).

Finalmente, llega a la conclusión de que esta armonía es una idea utópica:

> Quizás yo no soy tan distinto a él, quizás toda congregación es simplemente una utopía que ensaya su espacio futuro. Quizás, quizás, pero ¿qué es la igualdad perfecta? ¿No será un ensayo de la muerte? (94).

Rodríguez Juliá satiriza tanto la historia como el recurso cronístico. En las crónicas mortuorias el autor convierte en proezas eventos y patrones de comportamientos ordinarios utilizando al subalterno como centro de su narración. En sus más celebradas crónicas y las analizadas en este proyecto, *Tribulaciones de Jonás* y *El entierro de Cortijo*, sobresalen dos características en común: la presencia del género de la crónica y la utilización de las voces del pueblo en un rol protagónico representadas por los desposeídos económicamente y el sector racial negro. Respecto a la notoriedad del sector popular, Rodríguez Juliá indica en su ensayo "Las voces de la tribu", que su vocación de escritor se debía en gran parte a esa ineludible responsabilidad ante la ausencia de una representación fidedigna de este sector marginal en las letras puertorriqueñas:

Buena parte de mi dudoso arte narrativo se ha orientado a captar cómo hablamos los puertorriqueños, es decir, me provoca el azaroso comportamiento del castellano en Puerto Rico. Mi interés surgió del convencimiento —logrado a través de mis lecturas de la narrativa puertorriqueña— de que, salvo en casos excepcionales, nuestras voces apenas estaban ahí, al menos no del todo, resultando esquivas fuera de una reproducción costumbrista o fonética de algunos rasgos de pronunciación que compartimos, en la mayoría de los casos, con otros países hispanófonos de la cuenca del Caribe. Nuestra voz, o nuestras voces más características, esas cadencias y vocablos, nuestra retórica, el acento como insinuación gestual, actitud, y el léxico como emblema de la cultura ancestral, el habla de la tribu, simplemente no me sonaban. ("Las voces" 111)

Traer al sujeto periférico y hacerlo protagonista en la forma discursiva de la crónica, representa una irrupción en la tradición literaria puertorriqueña. De esta manera le concede protagonismo a un sector ignorado y sustituye el ensayo actualizando la función de la crónica, asociada a la conquista y colonización.

A manera de tributo, o de reconciliación con la figura del gobernador Luis Muñoz Marín, Rodríguez Juliá escribe la crónica *Tribulaciones de Jonás*. El narrador, quien guarda muchos paralelismos con el autor, se autodenomina como independentista. Este factor es de suma importancia, pues ya nos anuncia su posición ante el mito. No hay que desatender el hecho de que la generación a la que pertenece el narrador es la que protagonizó el cambio social iniciado por el gobernador. Este narrador, que casualmente se llama Edgardo, ataca la obra y la figura del líder fenecido desde su experiencia social. Discute las consecuencias en el ámbito moral y la confusión entre prioridades y necesidades de la nueva sociedad. La relación del narrador con la figura de Luis Muñoz Marín refleja la fusión de sentimientos que se amalgaman en el espíritu de los puertorriqueños. Las emociones oscilan entre percepciones contradictorias y se debaten entre "madejas de admiración y resentimientos" (*Tribulaciones* 13):

> Resultaba un verdadero lujo aquello de 'eliminar el concepto de la pobreza' en un país con veinte por ciento de desempleo, en una sociedad que tiene la mitad de su población viviendo en los Estados Unidos. Pero el sueño de Don Luis se cumplió, y de ¡qué manera!, con visos de surrealismo criollo, de un modo que convierte a esta sociedad en una de las más absurdas de la orbe. Ocurrió que no sólo desapareció el concepto de la pobreza, sino que también la modestia necesaria para sobrellevarla con dignidad. El desarrollismo y el 'welfare state' norteamericanos habían transformado en tres décadas la realidad, el concepto y hasta la posibilidad de la pobreza: un país con una altísima tasa de desempleo era capaz de sostener el consumismo más rampante; los 'puertorriqueños pobres' [...] mediante el programa federal de cupones de alimentos, eran capaces de alimentarse con langostas y bizcochos Sara Lee, ¡a la vez que el chiripeo les equipaba sus automóviles con aros de magnesio y bocinas de aire Maserati! (*Tribulaciones* 35-36)

Al señalar los resultados sociales del proyecto gubernamental de Muñoz Marín, Rodríguez Juliá, se acerca a una respuesta de lo que representa para el narrador lidiar con esta figura enigmática: "el misterio de Luis Muñoz Marín y el misterio de nuestro pueblo" (12). El narrador apunta que la repercusión de eliminar la pobreza, plataforma política para sustituir el ideal de la libertad por el del ELA[8], ha sido seria en profundidad y dimensión.[9] Al

---

[8] Estado Libre Asociado

[9] Al llegar a estas conclusiones, Edgardo Rodríguez Juliá, se acerca a los planteamientos de González. González resuelve las dicotomías en las que se pierde el autor. Anteriormente González había planteado que la presencia de Estados Unidos en la isla no debía ser considerada como un deterioro sino como un trastrocamiento de valores. Este cambio de principios morales afecta de maneras diferentes a la cultura popular y al autor-

establecerse esa clase media, se derroca el sistema de hacendados al cual pertenecía la familia de Rodríguez Juliá. Hay que considerar que esta clase perdió no sólo sus tierras, sino el poder que las acompañaba. Se diseñó un nuevo orden social, en el cual coexistían los antiguos latifundistas con la emergente clase media a la cual el narrador parece despreciar, como testifica en sus crónicas, pues, son un constante recordatorio de los bienes perdidos y su nueva realidad social. Criado gran parte de su vida en un estrato social homogéneo, Rodríguez Juliá visualiza a Puerto Rico como una familia que, habiendo entrado en contra de su voluntad a establecer contacto y convivencia con otros grupos sociales, lejos de formar una unidad social es una idea irreal y precipitada.

La segunda crónica que analizo, *El entierro de Cortijo*, publicada en 1982 e inspirada —al igual que *Tribulaciones*— en la muerte de un personaje, medio mito, medio líder, constituye una continuación en su trayectoria cronística. Al igual que en el caso de *Las tribulaciones*, Rodríguez Juliá selecciona, lo que yo identifico como figura mesiánica, a un fundador y reformador de su oficio, en este caso de la música popular. Iguala a ambas figuras, Muñoz Marín y Rafael Cortijo, en la importancia y repercusión que ambos tuvieron en la historia popular puertorriqueña. La música de Cortijo representa un testimonio sonoro de la situación socio-cultural cambiante a raíz de la obra de Luis

---

narrador que, no olvidemos, pertenece a otra clase social. Mediante esta nueva forma de gobierno, el ELA, que afianza la dependencia económica con Estados Unidos y, por extensión, la subordinación, a su vez ha dado cabida al desarrollo de una clase social minoritaria que le ofrece al pobre la garantía de acceso a oportunidades a las que, aunque sean a régimen de crédito, antes, bajo el dominio español, era impensable debido a la división de clases existente. Puerto Rico se convierte en una sociedad más democrática o de mayores oportunidades, al menos, en apariencias, aunque haya una bancarrota económica y moral.

Muñoz Marín. Es, pues, este músico negro, la evidencia de la transformación social. La música popular con raíces afroantillanas creada por Cortijo marca una era y sirve de enunciado del quehacer histórico-social del momento.

Este sector negro de la isla, anteriormente ignorado por la élite intelectual o caricaturizado en cuadros costumbristas o folklóricos, es elevado a un sitial de suma importancia: agente catalizador del cambio social iniciado bajo el gobierno de Muñoz Marín. Rodríguez Juliá reconoce en este escrito la trascendencia, fuerza y relevancia que tienen su música y sus seguidores en la isla como clase económica-racial naciente a raíz de un nuevo tipo de economía:

> Cortijo representa una transformación muy importante en nuestra música, una transformación que yo te diría es tan importante como Muñoz Marín en la política y en las condiciones sociales. Con Cortijo se inicia una nueva época de la plena puertorriqueña, que es un modo musical afroantillano nuestro comparable al guaguancó cubano, o como el danzón cubano, una forma muy *tradicional* afro-antillana. Cortijo inaugura una música que viene a dar testimonio justamente de la transformación social realizada por Muñoz en el Partido Popular. Son como dos polos. En el entierro de Muñoz Marín testimoniamos ya el final de ese mundo patriarcal, que arranca sin duda del siglo XIX, el mundo de la hacienda, el mundo del buen puertorriqueño, de la ruralía puertorriqueña; y ya con Cortijo, la gente que va al entierro con Cortijo, es la gente del Puerto Rico urbano, del caserío, del arrabal, de las avenidas, un Puerto Rico completamente distinto. Lo que quise hacer es como un díptico: el entierro de Muñoz Marín es el momento en que concluye el Puerto Rico rural, y el entierro de Cortijo da testimonio de ese momento histórico en que se comienza a perfilar el Puerto Rico urbano. (35)

En las crónicas mortuorias[10], la nación se forma siguiendo el esquema mesiánico al arribar a la tierra prometida que en sendas obras la identificamos con el cementerio. En la crónica *Tribulaciones de Jonás* se entierra al líder Luis Muñoz Marín y en la crónica *El entierro de Cortijo*, se entierra al rumbero negro Rafael Cortijo. En los procesos de fundación nacional en los textos analizados hay dos estratos principales: por un lado el personaje del narrador y por otro la masa; ambos con la finalidad de establecer las relaciones que surgen con la figura mesiánica. Como aseverara Zayas Micheli, en momentos de crisis la colectividad se aglutina desde la conciencia:

> En el momento que se crea un evento trascendente de la cultura concreta emerge la actividad espiritual de la misma sociedad que lo creó y crea una forma religiosa que hace que la colectividad viva desde la conciencia, desde la dimensión sagrada ese momento histórico trascendental. (10)

La formación de la nación se materializa en las masas y no obedece a una invención totalmente elitista. Estas crisis son superadas a través de movimientos mesiánicos. María Isaura Pereira de Queiroz, en su libro *Historia y etnología de los movimientos mesiánicos: reforma y revolución en las sociedades tradicionales*, enumera las distintas facetas de estos movimientos: espera mesiánica, nacimiento de un movimiento, reconocimiento del Mesías por sus obras, organización de la comunidad mesiánica, intentos de terminar el movimiento, fin del movimiento mesiánico e inicio de otro movimiento. Sin embargo, es posible resumirlas en tres subgrupos que corresponden a las tres etapas primordiales: la época de preparación para la llegada del Mesías, que es representado por un salvador en que en momentos

---

[10] Término acuñado por Juan G. Gelpí.

de desesperanza y falta de dirección en una sociedad le dará orden a ésta. A esta persona se le atribuye una naturaleza especial, superior. La segunda etapa corresponde a la llegada del Mesías; finalmente, en la tercera etapa, se llega a la tierra prometida en forma de peregrinación con la figura mesiánica y una vez arriban se disponen a la fundación de la ciudad santa.

La creencia mesiánica precede al movimiento mesiánico y, para que este germen nazca, de acuerdo con Queiroz, tiene que haber una esperanza de un mejoramiento palpable en términos físicos:

> Para que una creencia surja, es preciso que la religión esté orientada hacia el mejoramiento de la vida material, y no hacia la contemplación del perfeccionamiento del alma; este perfeccionamiento sólo interesa en la medida en que pueda contribuir a mejorar la vida terrestre, que es, para ciertos tipos de religión, el objetivo principal de las actividades profanas y sagradas. (Queiroz 274)

La creencia mesiánica surge a raíz de una necesidad y el movimiento es una consecuencia directa de un caos. Identifico estos momentos de crisis como hitos históricos. Anteriormente, estas etapas significativas en la historia del pueblo puertorriqueño han sido clasificadas por los autores canónicos ya mencionados, en forma de metáfora. Pedreira aludía a un alegórico viaje por el mar y González metaforizaba el país con un edificio en construcción. A diferencia de Pedreira y González propongo, no un viaje por el mar o una edificación, sino un peregrinaje con la figura mesiánica hasta la tierra prometida en donde se culmina el proceso de formación nacional puertorriqueño. Mi labor investigativa se apoya en los textos rodriguejulianos: *La noche oscura del Niño Avilés*, *Tribulaciones de Jonás* y *El entierro de Cortijo*.

CAPÍTULO II

La noche oscura del Niño Avilés: peregrinaciones y raza en la construcción nacional del siglo XVIII puertorriqueño

En la noche dichosa,
en secreto, que nadie me veía,
ni yo miraba cosa,
sin otra luz ni guía
sino la que en el corazón ardía.
San Juan de la Cruz, *La noche oscura*

El siglo XVIII puertorriqueño representa una etapa histórica llena de controversias ya que no hay unanimidad al analizarlo. Algunos escritores, como Antonio S. Pedreira, consideran que es un periodo sin grandes adelantos ni contribuciones significativas. Por otro lado, escritores como José Luis González sugieren que este momento histórico es crucial, especialmente para el sector periférico negro. La novela de Rodríguez Juliá, *La noche oscura del Niño Avilés*, rescata de la supuesta inercia a este siglo tan oscuro uniéndose a los postulados de González.

En esta novela abundan las insurrecciones negras en oposición a la Iglesia. El móvil que provoca el conflicto entre ambos bandos es la lucha hegemónica de clase y poder. Estos levantamientos son una señal de que Puerto Rico vive los estragos de una sociedad que experimenta un trastrocamiento de valores. La iglesia ya no es considerada como una entidad que tiene la verdad absoluta; se reta su autoridad. De la misma manera, el comportamiento de la alta jerarquía eclesiástica tiene una conducta irreverente hacia los postulados católicos. Dicho de otra manera: Puerto Rico, en *La noche oscura del Niño Avilés*, representa una sociedad entrando a la modernidad. Este cambio social induce a los diversos sectores en cuestión a la vacilación y desorientación. En estas instancias la población espera la llegada de un ser superior que le devuelva la armonía y el sentido de grupo. El Niño Avilés hace las veces de una figura mesiánica en *La noche oscura del Niño Avilés.*

En este capítulo analizo la importancia, necesidad y trascendencia de esta figura redentora dentro de la obra de Rodríguez Juliá. Arguyo que es la primera etapa en la formación nacional puertorriqueña. Este proceso se inicia con *La noche oscura del Niño Avilés* y culmina con *El entierro de Cortijo.* He dividido el capítulo en tres apartados para explicar diversos aspectos que rodean a esta figura mesiánica. En la primera parte, "Historia e historiografía del siglo XVIII", explico detalladamente el siglo desde las perspectivas de los estudiosos vis a vis la de Rodríguez Juliá. En el segundo apartado, "José Campeche: padre y emblema de la nación mulata", analizo la figura del pintor mulato José Campeche quien, además de ser el artista pictórico más importante del siglo, aparece ficcionalizado en la novela. Explico su repercusión dentro de la vida Juan Pantaleón Avilés de Luna Alvarado y el Niño Avilés, quien es a su vez un sujeto histórico real y ente de gran magnitud en la novela. La tercera sección explica el proceso que precede la formación de un movimiento mesiánico y cómo este niño es reconocido por el vulgo como una figura mesiánica.

Historia e historiografía del siglo XVIII

Algunos estudiosos como Tomás Blanco, Ángel López Cantos, Fernando Picó y Edgardo Rodríguez Juliá han redimido el siglo XVIII y han adjudicado su importancia al hecho de que es el siglo en que se fragua el sentimiento nacional puertorriqueño. Para Edgardo Rodríguez Juliá, recrear, inventar y ambientar sus novelas durante este siglo responde a un deseo de reconceptualizar qué significó esta época en su país. Ante la ausencia de elementos reales, el autor recrea la historia a través de su narrativa. Analizo principalmente lo que representa la figura del Niño Avilés, personaje fundamental en sus novelas y su función de ente aglutinador en la construcción de la nación puertorriqueña durante siglo XVIII.

Durante los siglos de la conquista y la colonización española, Puerto Rico pasa por un período de cambios demográficos sociales. Por un lado, se realizan numerosos ataques de fuerzas extranjeras, holandesas, francesas y, especialmente, inglesas. Por otro, paralelamente, comienzan a llegar habitantes de diferentes partes de España: canarios, catalanes, vascos y mallorquines. De todas estas convivencias foráneas ha quedado evidencia gráfica en forma de crónicas del estado civil, geográfico, social y religioso de la época. Entre las más destacadas, dentro de esa nómina del siglo XVIII puertorriqueño sobresalen dos relatos, uno escrito por el francés André Pierre Ledrú, *Viaje a la isla de Puerto Rico en 1797* [11] y el otro por el español Fray Iñigo Abbad y Lasierra, *Historia geográfica, civil y natural de la isla de San Juan Bautista de Puerto Rico* (1782).

Partiendo desde la perspectiva socio-histórica en un presente más reciente, autoridades como Tomás Blanco, Ángel López Cantos, Fernando Picó y Edgardo Rodríguez Juliá se distinguen por sus aportes en el campo de investigación, conocimiento profundo y análisis intelectual de los años dieciochescos. Establecer los límites entre la historia y la ficción ha sido materia de debate a través de

---

[11] Traducida al español por Julio L. de Vizcarrondo, Ediciones Borinquen, San Juan, Puerto Rico, 1971.

los años al igual que determinar la función que ambas tienen. Rodríguez Juliá, es sin duda, uno de los escritores puertorriqueños cuya producción literaria no se demarca de la exclusividad radical de un género u otro. Su obra es vulnerable a ser considerada narratológicamente como novelas, crónicas o una fusión híbrida de ambos géneros. La mayoría de sus novelas recrean el ambiente y las situaciones circunstanciales de las postrimerías del siglo XVIII en Puerto Rico. El autor arguye que esta atracción o ese interés surgen a raíz del vacío de información relacionada con acontecimientos de esa época que se desprende de su formación académica. A su generación, según sus planteamientos, se le transmitió la idea genérica de que, la isla, contrario a lo que ocurriera en otras partes del mundo, el Siglo de las Luces, de la Razón, era una época de poco interés, por dos razones fundamentales, y no necesariamente consecuentes la una con la otra: la limitación documental o falta de información y la ausencia o escasez de acontecimientos trascendentales que ameritasen estudio, mención o especial atención. Posteriormente, guiado por ese interés, se da a la tarea de estudiar e investigar la época y su posible importancia olvidada. Asimismo, acepta como propia la idea que Ángel López Cantos plantea en *Los puertorriqueños: mentalidad y actitudes* respecto al hecho fundamental de que fue, precisamente, durante ese siglo que comienza a fraguarse la personalidad puertorriqueña.

Para José Luis González, en "El país de cuatro pisos", el elemento racial es primordial cuando se habla de la formación de la nacionalidad puertorriqueña y coincide con la idea que el germen nacional se ubica a finales del siglo XVIII. Según González, el elemento afroantillano es principal: "la cultura popular fue la primera que nació"; sin embargo, no significa que niegue los otros componentes de la raza puertorriqueña: indígena y española. Lo que reitera y ha hecho de este ensayo uno singular es que establece que "la más importante, por razones económicas es la africana" (19), y concluye que "la cultura popular puertorriqueña", sin lugar a dudas es "de carácter esencialmente afroantillana" (22).[12]

La obra de Rodríguez Juliá enfatiza los sectores raciales mulato y negro tanto en la que se ubica en el siglo XVIII como en las contemporáneas. El protagonismo que les otorga en la ficción es uno negado en la realidad.

Dos personajes rescatados de la historia y que fundan la plataforma racial en la novela *La noche oscura* son: José Campeche y Juan Pantaleón Avilés de Luna Alvarado.

José Campeche: padre y emblema de la nación mulata

Campeche, pintor puertorriqueño de mayor importancia del siglo XVIII, nace en 1751 y muere 1809; sin embargo, haciendo coro a la aludida oscuridad del siglo que nos compete, Alejandro Tapia y Rivera, apunta en su estudio sobre el pintor, que éste no era un nombre muy conocido y que su fama se circunscribía al entorno isleño aunque sus obras sí transcendieron los límites insulares.[13] Diecinueve años más tarde de la publicación de Tapia y Rivera, Rodríguez Juliá publica *Campeche o los diablejos*

---

[12] Ver capítulo primero en el que se explica la evolución del pensamiento nacionalista puertorriqueño.

[13] Tuvo Campeche una formación rudimentaria debido al estado intelectual del país y como señalara Tapia y Rivera: Que la instrucción primaria se reducía a leer, escribir, algo de gramática, muy poco y nada demostrativo de aritmética [...] Que la música y el dibujo no pasaban de la afición en algunos [...] y con todo, a pesar del corto estímulo [...] cursaba pues latinidad y filosofía [...] También cursaba anatomía privadamente, como ciencia para el conocimiento y práctica del desnudo en el diseño [...]. (12-13)

de la melancolía. En este texto, el autor, establece que la importancia, tanto del pintor como de su medio, radica en que es la primera manifestación anterior al testimonio literario; de manera que como testigo y a través de la paleta: "se manifiesta el primer mito fundador de la cultura puertorriqueña. […] arte mediante el cual aparece de manera insólita el anhelo de fundar un estado, el intento de convertir la incipiente nacionalidad puertorriqueña en organización de poder" (7).

En 1808, Campeche pinta la figura de un niño, Juan Pantaleón Avilés de Luna Alvarado. Según las fuentes, el niño coameño visitaba la capital, San Juan, con motivo de recibir el sacramento de la confirmación. Avilés de Luna Alvarado, quien, según los datos con los que contamos, nació en 1806, carecía de brazos y sus extremidades daban la impresión de malformación. El obispo Juan Alexo de Arismendi encarga a Campeche hacer un retrato de la criatura.[14]

Al pensar en esta embrionaria educación, hay que sopesar el nivel intelectual de los conquistadores establecidos en la isla y encargados de la formación tanto a nivel teórico educativo como teológico. El Coronel Miguel de Muesas, quien fuera gobernador de la isla de 1770 a 1776, en un informe al Rey de España en 1770, enfatizaba la parva educación del sector eclesiástico y argüía que: "Son pocos los que pasaron de gramáticos tinturados de moral para curas. Numere la iglesia catedral y su clero y apenas encontrará dos bordados en universidad y algún que otro que a fuerza de su honradez y pundonor ha podido instruirse medianamente en lo predicable y moral para satisfacer de algún modo a su obligación y conciencia."
[14] Este cuadro es conservado en el Instituto de Cultura Puertorriqueña. Dicha entidad publicó en 1971 el libro *José Campeche 1751-1089*. En esta edición se hace referencia al encargo del lienzo que "en América y España son frecuentes estos gestos de curiosidad científica de parte de los obispos en el curso de las visitas pastorales, durante la segunda mitad del siglo XVIII" (46).

Juan Pantaleón Avilés es un niño, por lo tanto dependiente y todavía en formación por su escasa edad. No tiene, pues, raciocinio para tomar decisiones y es llevado a San Juan para ser confirmado. No tiene voz para elegir o rehusarse a ser pintado y, más aún, decidir su filiación religiosa. Tampoco tiene voluntad para decidir cómo ser pintado y en el retrato aparece desposeído de sus ropas. Como condición agravante carece de brazos, con lo cual subraya su subordinación y su estado de formación interrumpida o malograda. El niño desnudo aparece en el lienzo, sentado en un almohadón azul, con la cabeza sesgada hacia la derecha, con una mirada desconsolada, sometida y sin expresión en los labios. El hombro izquierdo aparece un poco inclinado hacia la izquierda y sus pequeñas piernas, separadas, mostrando claramente su infantil pene. Todo su cuerpo testifica su temprana edad y su expresión corporal indica su falta de voluntad, sometimiento, obediencia y vulnerabilidad.

Rodríguez Juliá analiza el lienzo con meticulosidad y arguye que el sufrimiento reflejado en la cara del niño: "está relacionado con el pueblo" y su cuerpo es "la geografía del sufrimiento" (118). Al analizar el cuerpo ya fragmentado fija su atención en la mirada: "Sólo logra una expresión de libertad a través de los ojos. La necesidad se redime con la mirada, con esos ojos que escapan a la tiranía del cuerpo" (121). El autor analiza cada ojo emancipándolo de su condición sufriente. El ojo derecho es paciente, mientras que el izquierdo cuestiona, reacciona, se subleva ante su inmovilidad. A través del sufrimiento que permea de la imagen, Rodríguez Juliá reconoce a un hombre en diferentes etapas: niñez, juventud y vejez: "Se revela una incertidumbre en lo tocante a la edad de un niño. De repente nos parece que en realidad estamos ante la condición lastimera de un joven amortajado por el cuerpo de un infante. [...H]a envejecido en ese dolor atroz" (122). El autor redime doblemente y eleva al niño a la santidad, convirtiéndolo en una figura cristológica. Adjudica la inclinación de su cabeza a una pose típicamente relacionada con la de los santos; y en su sufrimiento lo equipara a San Sebastián. Finalmente, lo canoniza por su estoicismo ante el dolor, igualándolo a la pasión y muerte de Jesús. La segunda redención se da al subvertir esta imagen lastimosa plasmada en el lienzo por Campeche y convierte al Niño Avilés en el Moisés que funda la ciudad ficticia de Nueva Venecia, "ciudad invisible que redime nuestra historia y fundamenta nuestra esperanza" (*Noche oscura* XII).

Rodríguez Juliá comparte este proceso de formación y fundación con el lector de su colección *La Nueva Venecia* que se inicia con la publicación de la obra *La noche oscura del Niño Avilés*. El autor sugiere que, metafóricamente, la figura del niño podría interpretarse como una representación del pueblo puertorriqueño. Un pueblo sometido al yugo español, joven en su formación, pero envejecido en su dolor; un pueblo sin voluntad propia o como aseverara en *Campeche o los diablejos de la melancolía*: "El pueblo encarnado en el Avilés aparece como depositario de la paciencia, justo el reverso de los gobernantes y funcionarios que ejercen su voluntad sobre la colonia y la burocracia" (124). Campeche, puede ser considerado alegóricamente como el padre de este niño al inmortalizarlo con su pincel. Rodríguez Juliá reinventa al niño, ya que cambia su fisonomía y destino.

Niño Avilés: figura mesiánica

Rodríguez Juliá perfecciona, libera y crea a otro Niño Avilés. A éste lo provee de brazos, lo salva de su destino, purificándolo de las aguas donde fue encontrado, siendo así una suerte de Moisés bíblico, salvado de las aguas. El niño aparece por vez primera el mismo día en que hubo un naufragio. Es una criatura recién nacida y huérfana, posiblemente hijo de algún tripulante del navío extraviado de Felipe II y es encontrado por un hombre común llamado Juan Avilés. Lo primero que se revela sobre el carácter del niño es que los "gritos del niño eran monstruosos", de manera que no sólo le da el autor una fisonomía completa sino que lo provee, a su vez, de carácter y no de resignación, característica predominante de la figura que pintara Campeche (12). Dice el cronista que había furia en los ojos del infante; lejos han quedado los ojos tristes y sumisos que captara el pintor. Rodríguez Juliá enfatiza en *Campeche o los diablejos de la melancolía* que a través de la mirada conseguía el niño su libertad; pero esta es otra libertad, es una que reclama y exige.

Un distanciamiento de la metáfora del niño como la representación de Puerto Rico y un acercamiento en términos somáticos revela que el comportamiento del niño lejos de ser preocupante, es razonable. Un niño que ha pasado una noche en el agua, a la deriva, probablemente llore de frío, de hambre o desamparo. Sin embargo, el Obispo Larra, representando el sector de la iglesia, aprovecha esta ocasión para desmitificar todo el simbolismo que abriga la figura del niño rescatado de las aguas. Ante la amenaza de un sustituto a su autoridad eclesiástica y absoluta, el obispo crea con la aparición del niño un estado de alarma que luego el pueblo interpreta como una encarnación de Satanás. Esta concepción se basa sólo en rumores ya que nadie fue testigo de la mirada "iracunda" del niño, pues su rostro permaneció oculto a la vista de los curiosos que presenciaban su rescate. Por lo tanto es una fabricación manipulada por la iglesia. El obispo Tres Palacios, sucesor del obispo Larra, se encarga de alimentar la fobia que esta criatura despierta en el pueblo. Ordena que anexo a su habitación se construya otra en donde permanezca el niño. Para este proyecto contrata a un experto diseñador acústico conocido por sus "máquinas de tortura, espionaje y terror psicológico" (14). El aposento del niño es urdido en forma de oreja con un sistema que amplificaba las ondas sonoras; mientras tanto, una enfermera permanece al pie de su cuna penetrándole una larguísima aguja y propinándole otras torturas que provocaban el llanto constante. Todo este método estaba al servicio del obispo para vigorizar el pánico inicial del pueblo y dirigir la salvación y protección nuevamente a su persona.

Como consecuencia del pavor inculcado en la ciudad de San Juan Bautista, el pueblo inicia una peregrinación para alejarse de los perturbadores quejidos luciferinos. Estas cruzadas son necesarias ya que "para alcanzar la ciudad de Dios estamos obligados a peregrinar por la más baja región de los demonios" (134). A su vez, se da una revuelta del pueblo negro, para emanciparse y apoderarse de la ciudad. Las fuerzas opositoras son el pueblo negro, que a su vez está dividido por sus cabecillas Obatal y Mitume, y el sector español, representado por los obispos Larra, y luego, por José de Tres Palacios.

El Niño Avilés pasa a ser posesión de Obatal, caudillo de la revuelta negra y a quien se le atribuyen fuerzas superiores. El niño se convierte en una suerte de talismán de buen agüero, de quien supuestamente Obatal recibe su fortaleza para liberar a su pueblo. Lejos está la niñera que le introducía agujas para provocarle el llanto. También ha quedado atrás el cuarto en forma de oreja que magnificaba el sonido de su dolor; sin embargo, ahora, en manos de Obatal, le han puesto un bozal que lo mantiene en estado de ansiedad, desesperación y congoja. Esta mordaza prolonga su carácter indómito, que se resiste al silencio, eternizando su ya conocida rebeldía. De manera que su comportamiento reafirma su condición pavorosa ante la provocación de semejante mortificación. Cuando la tribu de Obatal fue vencida por la de Mitume el niño pasa a manos de esta última, en forma de galardón guerrero y de igual manera se le atribuye al niño la fortaleza de Mitume: "Toda la fuerza de Mitume residía en los cojoncillos del demonio nene" (283). El pequeño es tratado como un falo, símbolo de virilidad, fortaleza y dominio.

Finalmente, y tras campales batallas, es derrotada la tribu de Mitume, dejando en el poder al Obispo Tres Palacios. Nuevamente el niño es adoptado, ahora por la iglesia y como símbolo de salvación: "Don José acudía presuroso a la purificación de la ciudad, y era que el exorcismo del Avilés sacaría a los demonios de entre nosotros" (306). Una vez liberado del supuesto demonio, el niño, pasa a ser figura santificada. Se le devuelve su naturaleza mesiánica, su inocencia y su misión de llegar a la tierra prometida. El pueblo inicialmente lo concibe como un salvador y la iglesia le atribuye poderes satánicos y ahora le retribuye su condición de redentor: "Dentro de tres días será Navidad. Hay que inculcarle al pueblo que la liberación de Avilés es el nacimiento de Cristo" (322). El lector es testigo de salvaciones simultáneas: el pueblo regresa de su peregrinaje, el Niño Avilés es desposeído del demonio y a través de él nace Jesús, y el obispo Tres Palacios se reforma de su antiguo carácter mundano y excesivamente carnal. Quiere decir que cuando se condena al Mesías, todos son condenados y cuando se salva, todos se salvan a su vez; la condena y la salvación son colectivas. El Niño Avilés es el elegido pues él también pasó por momentos tenebrosos y esta experiencia lo prepara para ser el Mesías Salvador de los pueblos, a la manera del héroe mítico tradicional:

Su salvación es la nuestra, pues sólo la fe en un Mesías puede despejar nuestra ciudad de la caterva de horribles temores. Este Niño Avilés ha conocido el exilio, estuvo a punto de perecer bajo gentiles [...] ello porque sólo aquél que ha conocido el extravío puede señalar hacia la tierra prometida, devolviéndonos la vida desde los halagos de la muerte. (358)

Durante las batallas, el obispo Tres Palacios peca de excesos de comida, bebida, onanismo y propicia la prostitución. El onanismo, según el obispo, es justificable solo para los que han sufrido largos períodos de abstinencia y entonces lo transforma en un acto sagrado:

De este modo aseguro que no está mal ayudar al cuerpo a descargar la enjundia. Y el goce que se deriva de esta necesaria secreción del cuerpo es muy santo. Pero advierto que no doy licencia para abusar de vuestros santos cuerpos, los únicos albergues del Espíritu Santo; sólo es santurrona y buena la paja de los que han sufrido los rigores de la mucha abstinencia sensual. (223)

Estas demasías son disculpables, pues sólo a través de los excesos se llega a la libertad, y para llegar a la tierra prometida es fundamental el peregrinaje: "Para llegar a la ciudad de Dios, [...] hay que cruzar los predios de Satanás, y esta ruta es la noche oscura del alma, dolor necesario que nos conduce al Padre" (133). En el Evangelio de San Lucas 11, 46 se condena este libertinaje de los cabecillas como los ya mencionados, del Obispo Tres Palacios: "Pobres de ustedes, maestros de la Ley, que imponen a los hombres cargas insoportables de llevar, y no tocan esas cargas con un solo de sus dedos" (84). En esta sociedad que experimenta la premodernidad, los valores son sustituidos por conceptos terrenales y la Iglesia es el mejor ejemplo de esta mudanza. Los principios de autoridad con base en la religión están enraizados en la tradición bíblica:

Cada uno en esta vida debe someterse a las autoridades. Pues no hay autoridad que no venga de Dios, y los cargos públicos existen por voluntad de Dios. Por lo tanto, el que se opone a la autoridad se rebela contra un decreto de Dios, y tendrá que responder por esa rebeldía. (220)

El pueblo puertorriqueño creado por Rodríguez Juliá en esta novela, ha sido caracterizado por ser uno en luchas entre la emancipación de los negros y el apego al poder por parte de la iglesia. No hay unidad; el pueblo está dividido territorial, racial y culturalmente. Los elementos que tienen en común los partidos involucrados son su temor, fervor y fascinación por la figura enigmática del Niño Avilés.

María Isaura Pereira de Queiroz considera que para que surja un movimiento mesiánico se deben presentar situaciones específicas dentro de una sociedad, ya sea el desorden o el abuso de poder: "son dos tipos de situación social los que producen los movimientos mesiánicos: desorganización social que frisa en la anomia y el caos y, segundo, una situación de dominio y subordinación que la sociedad está obligada brutalmente a sufrir" (272). Quiere decir que el Niño une al pueblo, que "integra al hombre de manera monolítica a su sociedad, a su cultura, a su geografía. Es esta unidad la que imparte la identidad nacional" (26). Estos fundamentos constituyen la piedra angular que sirve de sólida base para la formación de la nación popular. Esta unión también es posible porque el pueblo ya había comenzado su alianza a través de la crisis de la posguerra. El pueblo, pues, enaltece la figura del Niño que aparece en un momento trance, sin rumbo. Le atribuyen carácter de salvador y lo elevan efectivamente a un ser especial, sobrenatural.

Lo que nace en el siglo XVIII no es la nación sino un paso hacia ella; lo que sí se va definiendo es la cultura que es una parte de la nación pero no el todo. Esta cultura, en estado de pre-nación permanece unida en grupos homogéneos de carácter popular, por lo tanto separada de la elite.

Este proceso o proyecto racial y nacional verá su culminación en la obra de Rodríguez Julia en la última crónica que analizo: *El entierro de Cortijo*. Sin embargo, es imprescindible analizar la crónica *Tribulaciones de Jonás* ya que representa un momento de transición y formación contundente en la sociedad puertorriqueña. Los cambios económicos, sociales y raciales crean un estado de crisis y requiere ajustes que sólo el transcurrir del tiempo dejará entrever la identidad que surge luego de estos procesos vertiginosos. En ese producto es que encontramos finalmente la realidad puertorriqueña en términos raciales y sociales.

CAPÍTULO III

Tribulaciones de Jonás:
una historia incompleta

La muerte es un buen comienzo y a todos nos gustan los entierros,
así vuelvo para atrás recordando poco a poco todo lo que pasó,
aunque no todo, una no es una caja registradora de recuerdos...
Manuel Ramos Otero, *Loca de la locura*

No quisiera un fracaso en el sabio delito
que es recordar.
Ni en el inevitable defecto que es
la nostalgia de cosas pequeñas y tontas
como en el tumulto pisarte los pies.
Silvio Rodríguez, *De la ausencia y de ti*

...comentaban en la esquina la llegada de Muñoz
como si hablaran del Mesías...
Manuel Ramos Otero, *Peregrinación por un eclipse*

El 2 de mayo de 1980 se lleva a cabo el entierro del gobernador Luis Muñoz Marín. Su muerte representa un momento de gran conmoción en la población, que pierde al líder que llevó a la isla a la modernización. La modernidad supone una ruptura con los valores tradicionales. La Iglesia ya no es considerada como la guía espiritual a la que se recurre en momentos de congoja. El líder la sustituye y es considerado como un suplente de Dios en la tierra; una figura mesiánica. Bajo su mando se formó una nación puertorriqueña cimentada sobre bases económicas y raciales que excluyeron al sector negro del país. De manera que da la impresión, que lo adelantado en términos raciales en *La noche oscura*, se pierde en *Tribulaciones*.

En 1983 Edgardo Rodríguez Juliá publica la crónica *Tribulaciones de Jonás*. La narración gira en torno a esta figura mesiánica fenecida; el primer gobernador puertorriqueño electo democráticamente.[15] La importancia que ha tenido esta crónica es sólo un reflejo de la magnitud de este gobernador en la escritura de la historia de Puerto Rico. Constituye esta crónica un escrito pilar para entender parte[16] del quehacer social y político a partir de la década de los 30's y sus repercusiones hoy día.

Analizar la vida y obra de Muñoz Marín bajo un lente mesiánico nos permite evaluar cómo este personaje fue concebido por parte de su pueblo como un redentor. Este líder nace en 1898, fecha de un cambio radical y traumático en la situación política del país. Luego de 400 años de coloniaje español y con la esperanza de independencia, Puerto Rico pasa a un dominio norteamericano con la Guerra Hispanoamericana en 1898. La fecha de su nacimiento es la primera señal de esperanza de estar ante un mesías que dará dirección a una población desorientada. El hecho de ser hijo del líder político, Luis Muñoz Rivera es otra indicación de que Muñoz Marín continuará la labor iniciada por su padre que luchó por la autonomía de Puerto Rico ante el dominio español.

Tribulaciones de Jonás nos permite ver la trayectoria gubernamental del líder a través de la mirada del narrador. El cronista divide en dos bandos la población puertorriqueña: por un lado presenta su perspectiva de letrado y, por otro, el sector marginal rural. Contrapone ambos sectores ante la figura de Muñoz Marín. Me apoyo en esta

---

[15] A raíz de la muerte de Luis Muñoz Marín, el 30 de abril de 1980, Rodríguez Juliá escribe la crónica *Tribulaciones de Jonás*.

[16] A pesar de que *Tribulaciones de Jonás* es una obra cabal en la interpretación acerca de la importancia del gobernador, Rodríguez Juliá no hace mención del papel de Albizu Campos.

crónica para explicar cómo se desarrolla la nación puertorriqueña a través de un movimiento mesiánico. Si se entiende por nación una comunidad de conciencia y compartir una visión de mundo[17] o si se concibe la nación como una construcción imaginaria que crea una ilusión de democracia,[18] es razonable pensar que Puerto Rico consolida su formación nacional alrededor de esta figura mesiánica. El desempeño de Luis Muñoz Marín como gobernador y sus decisiones políticas cambiaron el rumbo nacional que hasta ese momento iba en vías de formar una nación soberana. El líder negoció este curso histórico y optó por una nación disfrazada de dignidad y valores puertorriqueños basada en necesidades somáticas y no en elementos políticos.[19] De igual manera, prolongó la invisibilidad del sector negro o mulato de la isla. Por lo tanto se forman los cimientos de una nación moderna pero excluyente.

Esta era muñocista fue construida con un enfoque centrado primordialmente en el sector blanco puertorriqueño. Con su muerte no desaparece su obra; es una forma de esta figura ser inmortal. La población que se benefició en un inicio, incluido el campesinado, prácticamente desaparece como consecuencia de los cambios económicos. De esta transmutación florece la presencia del mulato. Luis Muñoz Marín y su legado son esenciales y un paso necesario para

---

[17] Como arguyera Zayas Micheli.
[18] Según los postulados de Benedict Anderson.
[19] Esta decisión nos recuerda el cuento de Stephen Vincent Benet: "The Devil and Daniel Webster" (1938), en el que Jabez Stone, un granjero con mala suerte y sin cosecha para alimentar a su familia, le vende el alma al diablo. Este negocio le costó muy caro en consecuencias y cada vez se veía en la obligación de rehacer su negocio para comprar tiempo y ver cómo resolvía esta dependencia de la cual se arrepintió. En *Tribulaciones de Jonás*, Rodríguez Juliá, parece hacer las veces del abogado, Daniel Webster, en las ocasiones que intenta defender la imagen de Muñoz Marín.

llegar al Puerto Rico de hoy día en términos raciales y nacionales. Por lo tanto dentro de mi análisis, *Tribulaciones de Jonás* representa el segundo estrato formativo nacional comenzado dentro de la obra de Rodríguez Juliá en el siglo XVIII con *La noche oscura del Niño Avilés* y que culmina con *El entierro de Cortijo*.

Un mosaico histórico

Tribulaciones de Jonás es un mosaico histórico dividido en cuatro partes. En el primer capítulo, "Sobre ídolos y caudillos", el narrador comienza su viaje regresivo al primer recuerdo que el narrador tiene del gobernador. Éste tenía diez años cuando se construye esta primera impresión. El niño-narrador se posiciona frente a ese recuerdo y desde esa estampa narra. El segundo apartado, "Segundo encuentro, Trujillo Alto", se remonta temporalmente al verano de 1978, cerca de veinte años más tarde de su primer recuerdo del líder. En esta ocasión el autor-narrador se enfrenta con el patriarca ya en decadencia: "cansado pero no derrotado" (46). La tercera parte, "El entierro", recoge el testimonio vivo del entierro de Muñoz Marín.[20] En este apartado hay un despliegue narrativo y descriptivo de la confluencia carnavalesca de la sociedad puertorriqueña. La cuarta y última parte, "Iconografía de Muñoz Marín", es una semblanza fotográfica-narrativa en la que el narrador analiza y discute la vida del líder retrospectivamente, comenzando este análisis con fotos de la muerte de Luis Muñoz Marín y termina con fotos del líder

---

[20] Esta sección es la única que es considerada como crónica dentro de la obra.

cuando apenas era niño. Inicia su narrativa con una revisión de la foto del funeral de Muñoz Marín; en ella aparece el ataúd con los restos del líder levantado entre la masa atropellada y entre cuerpos que lo cargan sobre sus cabezas.

Perfil histórico del líder

El aura de figura privilegiada de Luis Muñoz Marín comienza a definirse desde la fecha de su nacimiento en 1898, como indicara anteriormente. Esta fecha es significativa y le concede un halo de enviado, ya que es la fecha de la Guerra Hispanoamericana en la que Puerto Rico no consigue su independencia de España. Además de nacer en época de guerra y en un año políticamente trascendental para la isla, es hijo del importante político Luis Muñoz Rivera, líder del Partido Unionista, creado en 1904. Este partido, fue un instrumento principal en la política del momento pues, como afirmara María Mercedes Alonso en su libro *Muñoz Marín vs. The Bishops*, constituye "the first declaration by a political group that separation could be viewed as a possible alternative solution to domination by the United States" (6). Desde entonces, la política del país "was centered very much upon the leader rather than the party platform as a whole" (6).

Muñoz Marín siguió el camino de su padre con aspiraciones de un país autosuficiente. Como consecuencia de una enmienda al Acta Jones, en 1917, se le concede la ciudadanía estadounidense a los puertorriqueños. En 1938 Muñoz Marín funda el Partido Popular Democrático y dos años más tarde el partido gana las elecciones. En 1948 se establece que Puerto Rico puede elegir a su propio gobernador y Muñoz Marín se convierte en el primer gobernador electo por el pueblo. Fue un gobernador de masas;

enfocó su gobierno en la ardua tarea de erradicar la pobreza del país y paulatinamente se fue distanciando del ideal de independencia para resolver estos problemas que consideró más urgentes que la soberanía.

Otra dificultad que aquejaba la isla era la falta de educación formal de la población. El alejamiento del ideal de la independencia no representó gran dificultad ante el electorado ya que:

> [H]is authority was almost absolute, he was able to lead the party down new policy paths without causing undue rumblings of discontent from within. Also, his personal control over and identification with the masses was evident in his style, in his political declarations, and in his skill as a propagandist. (Alonso 10)

Como medida para lograr su objetivo estableció un tipo de gobierno, Estado Libre Asociado con Estados Unidos, el cual, lejos de independizar al país, lo ató más a su dependencia económica. Uno de sus proyectos principales para aliviar la sobrepoblación y aumentar las posibilidades de empleo dentro de la sociedad puertorriqueña, se llevó a cabo a través del histórico plan Operación Manos a la Obra, incitando la primera gran emigración de puertorriqueños a la ciudad de Nueva York. La gran mayoría de los emigrados pertenecía a la clase desheredada del país, quienes, a su vez presentaban un alto nivel de analfabetismo; de manera que las labores que podían desempeñar estaban ligadas a faenas relacionadas con la mano de obra y otras destrezas básicas que no requerían preparación académica o aptitudes particulares. Por otro lado, los cambios en la isla eran, en apariencia, positivos para la clase social periférica; al menos en términos económicos inmediatos. A grandes rasgos, la situación de la isla parecía mejorar: se instauró un plan dirigido a fomentar y costear una mejor alimentación y llegaron a la isla expertos en el campo de la salud que se dedicaron a dar clases de higiene y nutrición. Todo ello se interpreta, a la luz de la distancia, como una extensión de ese particular estilo paternalista de gobernar. Otro cambio que se agrega a los mencionados es la incorporación del inglés en el sistema educativo público; específicamente este aspecto trajo una serie de detractores y generó tal cantidad de dificultades y calamidades que se estuvo luchando en su contra hasta que esta imposición pudo ser derrotada en 1954. Por otro lado, se eliminó la educación católica en la instrucción pública. Si a estas transformaciones le agregamos el desarrollo de la industrialización nos encontramos ante una sociedad eufórica, viviendo a un ritmo acelerado y vertiginoso. Con la industrialización se transformó el país drásticamente. El campesinado se mudó a la ciudad, ya que su trabajo en el campo fue remplazado por máquinas. El progreso ya no era posible en sus antiguos empleos. La pobreza y la clase social del campo fueron desplazadas; dando lugar a una emigración interna del campo a la ciudad. No era exactamente como la propaganda suele vociferar en estos casos, creación de nuevos empleos, sino, en el sentido estricto de la realidad, fue una sustitución de un sistema arcaico de gestión y producción por otro sistema más moderno.

Muñoz Marín, además de su carácter campechano y carismático, contaba con el apoyo del pueblo que había visto sus promesas convertidas en realidad. De manera que su imagen y figura eran celebradas, enaltecidas, por el pueblo. Jamás tuvo Puerto Rico un líder que promoviera un cambio social tan contundente dentro de la población periférica. Sin embargo, cada moneda tiene su revés y la experiencia vivida por aquellos que abandonaron la isla por razones económicas tienen una visión muy diferente del fenómeno muñocista. Estos últimos sufrieron en Estados Unidos no sólo una repetición del estado paupérrimo del que habían huido, sino que experimentaron también la terrible experiencia de la marginación, la discriminación racial, social, económica. Sobrevivieron en un entorno ajeno, hostil, extraño, inadaptable tanto lingüística como culturalmente. A todo ello, habría que sumarle las inclemencias climatológicas y la dureza de enfrentar temperaturas para las que no estaban preparados, ni sicológica ni materialmente en muchos casos. A pesar de estos aspectos negativos, hasta los que han sufrido de cerca las consecuencias de su paso político profesan respeto por el líder lo cual evidencia que estamos ante un ser superior: el escogido.

Movimiento mesiánico dentro de Tribulaciones de Jonás

Las instancias más significativas en la formación de un movimiento mesiánico son: la espera del Mesías, reconocimiento del Mesías por sus obras, intento de romper el movimiento por fuerzas opositoras, organización de la comunidad mesiánica a través del peregrinaje con éste, que culmina en la Tierra Prometida. Siguiendo los postulados mesiánicos, una vez establecida la tierra prometida y, por ende, terminado el ciclo mesiánico puede éste, eventualmente, terminarse a raíz del descontento del grupo o por la muerte del líder para, finalmente, reiniciar el ciclo. En este apartado expongo un mapa en el cual identifico el inicio del movimiento mesiánico hasta su culminación en la segunda etapa de la formación nacional puertorriqueña dentro del universo rodriguejuliano. Esta culminación sólo es posible una vez se llega a la tierra prometida o necrópolis, luego del peregrinaje con su Mesías.[21] La procesión que se hace con el líder es un elemento esencial de los movimientos mesiánicos, con la variante de que en esta ocasión se hace con el cuerpo muerto del líder. De igual manera hay un trastocamiento al llegar a la *tierra prometida,* que en la crónica no es otro lugar que el cementerio. Por último, en lugar de terminar el movimiento en el campo santo ocurre la solidificación del alma nacional del pueblo de Puerto Rico.

Osvaldo Zayas Micheli divide la historia en hitos o momentos trascendentales que cambian la cosmovisión de un pueblo. Para Puerto Rico, el año 1898, como mencionara anteriormente, representa un momento de transición de ineludible mención. Como resultado de la Guerra Hispanoamericana Puerto Rico pasa a ser parte de los Estados Unidos, cambiando su soberanía española de cuatrocientos años por la estadounidense. Esta situación histórica la identificamos como un hito, tomando en consideración el periodo de ajuste que un cambio tan grande conlleva. En estos momentos de crisis los pueblos experimentan dos fenómenos: en medio del caos hallan unidad y, como consecuencia, nace la conciencia de grupo. Aquí da comienzo el concepto de nación. Según Zayas Micheli: "la nación es la cultura concreta de una sociedad convertida en realidad religiosa, en realidad espiritual. Una nación es una comunidad de conciencia y una concepción de mundo" (9).

---

[21] Al igual que la literatura de Rodríguez Juliá rompe los esquemas tradicionales, este estudio representa una subversión de los patrones establecidos por Pereira de Queiroz ya que, según sugiere la autora, en los movimientos mesiánicos la muerte del líder podría resultar en la terminación de un ciclo mesiánico y el comienzo de otro, como hemos mencionado anteriormente. Sin embargo, y a pesar de que partimos de este esbozo, como en todo estudio, la obra toma su propio rumbo exigiendo ajustes al mismo.

Una situación límite marca el inicio de un movimiento mesiánico y a raíz de ésta se anhela la llegada de un salvador; de esta manera se concreta la espera de la llegada del Mesías. No todas las sociedades en crisis experimentan la llegada de un mesías ni el inicio de un movimiento mesiánico; de hecho, para que se inicie un ciclo mesiánico Pereira de Queiroz apunta que debe existir una de las siguientes condiciones: "el dominio extranjero debe parecer sin salida, el desorden social profundo, la transformación de las instituciones demasiado bruscas" (299).

El ciclo mesiánico, como lo indica la frase, es un proceso en el cual su estrato inicial se reduce a una idea y de acuerdo a Queiroz se comienza a formar con la anticipación; entiéndase la espera de la llegada de un salvador. No existe nada concreto sino la esperanza de que esa idea tenga la certera facultad de materializarse. Nace la necesidad o espera con un acontecimiento específico y el salvador es una mera idea abstracta que se concreta en la figura del líder que organizará el caos.

El primer capítulo de *Tribulaciones*, "Sobre ídolos y caudillos", marca precisamente el inicio del movimiento mesiánico en el universo de esta crónica. En este apartado, el autor narra su primer encuentro visual con el gobernador desde su experiencia personal: un niño de clase acomodada. Predominan en el pasaje inicial la curiosidad y la expectativa del narrador-niño ante la llegada de Luis Muñoz Marín a su pueblo. El hálito que rodea esta figura, que, hasta este momento, es solamente una idea, guarda correspondencia con la que suele caracterizar a un ser superior; a una persona que, por su capacidad de ser sobre dotado; se le permiten comportamientos considerados inmorales para el resto de la población, pero incuestionables para él. Estos procederes sobrepasan las fronteras del bien o el mal y están siempre más allá de la comprensión de los mortales.

> Me aupé más en la baranda, quise ver a Muñoz Marín, todo el mundo hablaba de aquel hombre, terrible enemigo de mi madre, señor de la política con corteja y hasta querida, el hombre más famoso de Puerto Rico, el jefe, el caudillo, el viejo, el casi dictador decía a veces mi padre, todo un señor político, un patriota, un prócer este Muñoz Marín, el gobernador de Puerto Rico. El bigote más famoso de todo Puerto Rico. (*Tribulaciones* 20)

La anticipación es reforzada con la imagen del líder al pasar por su casa acompañado por una caravana nunca antes vista por el niño. La imaginación fantasiosa y la realidad entran en armonía en la mente del narrador. Coinciden mito y realidad dando definitivamente cabida al primer paso en la formación del ciclo mesiánico. Ese primer capítulo se resume en la espera y en el reconocimiento del caudillo. Esta imagen cambia drásticamente en el segundo capítulo "Segundo encuentro, Trujillo Alto".

En esta segunda etapa, tanto en el marco ficticio del texto como en la vida del narrador, todo aquello que causaba asombro es cuestionado por éste, quien ya ha abandonado la etapa infantil; es un adulto de treinta y dos años con elementos de juicio muy distintos y alejados, en términos de forma y contenido, a los que experimentó durante su primer encuentro. Se describe con un aire predominantemente pesimista; es un profesor de universidad y, a pesar de sus logros profesionales y como novelista, que lo sitúan en la élite intelectual isleña, se autodenomina como un individuo sin ningún atributo especial. El narrador se considera una persona instalada en una situación de decadencia, reflejada en varios aspectos de su vida. En sus propias palabras hallamos la mejor descripción, al estilo quejoso y melancólico-resentido de un anciano: "con el correr de los años me volví miope, me hice profesor de literatura, profesión poco presentable en un burdel; acumulé quincenas para el seguro social, casi me divorcio, escribí novelas interminables" (21). Como dato que resalta un contraste y una excepcionalidad frente a esa existencia sin sobresaltos, el alter ego de Rodríguez Juliá, describe el momento en que conoce personalmente a Muñoz Marín y lo destaca como el acontecimiento más importante de su vida adulta.

El contacto se estableció en la propia residencia de Muñoz Marín, en 1978, dos años antes de su muerte. En este segundo encuentro el narrador, que va con la misión de entrevistarlo, experimenta la misma anticipación inicial y recrea el instante en que se presta a ver al líder. Describe su estado anímico dominado por las emociones: "Casi llevo un taco en la garganta, las rodillas se me aflojan a cada paso" (22) y luego describe su primera impresión al verlo y cómo ésta cambia al establecer contacto físico con Muñoz Marín: "Me pareció bajito; al darme la mano sentí el antiguo vigor, pero sin la fuerza. Apenas lo había conocido y ya quedé muy impresionado" (23). El narrador cae en las redes carismáticas del líder envejecido y termina su elegía pueril llamándolo afectivamente: "jodido animal político" y "vate Todopoderoso". El cronista se debate en una lucha interna entre la figura que anticipa, la que recuerda y la que conoce. Intenta dominar su impresión minimizando esta figura arrolladora, apuntando debilidades físicas, para luego convencerse de que lo admira y lo reivindica momentáneamente.

Mientras transcurre el encuentro, la comunicación y el acoso del narrador-entrevistador al líder senil se ven truncados en cada intento de incomodarlo. El entrevistador comienza un ataque visceral y, como medida de provocación o desahogo, manifiesta verbalmente los rencores y reproches acumulados. La etapa que inicia el movimiento mesiánico: la anticipación, se torna en otra etapa dentro del movimiento, que es el intento de derrocar al líder, lo cual es interesante, porque sólo representa a un sector, el letrado. Para el grupo popular la obra del líder es una manera de reconocimiento y autenticidad de la figura del elegido, mientras que para la clase letrada es una oportunidad para derrocarlo.

El narrador formula la pregunta que encierra gran parte de su rencor: "¿Por qué es imposible la independencia de Puerto Rico?" (32). Con esta interrogante, confronta al líder con el aspecto primordial dentro del público puertorriqueño, que desprecia su figura y la concibe como traidora, desleal, acomodaticia. El narrador continúa sus cuestionamientos y le acusa directamente de haberse prestado para traicionar "la independencia a favor de la compasión" (35). Durante la entrevista se le exige al líder una confesión, un arrepentimiento. La reunión asume los matices agresivos del reproche. Éstos se suceden en un orden que va desde la generalidad del fracaso de algunos de sus más importantes proyectos, hasta la confrontación específica del terrible error histórico y la irreparable injusticia social que sufrió el grupo de puertorriqueños en el exilio estadounidense. Se contrastó su versión oficial de fomentar el bienestar económico de ese grupo frente a lo que pareció con el tiempo la verdadera causa de esa iniciativa: aliviar la sobrepoblación y reducir el desempleo, que desbordaba su capacidad de resolución.

A raíz de los cambios sociales en Puerto Rico bajo el gobierno de Muñoz Marín y la fórmula de gobierno Estado Libre Asociado que él apoyaba, dejó secuelas morales que no se hicieron esperar. Hubo un periodo de trastrocamiento en los valores de los puertorriqueños; los conceptos de familia eran sustituidos por el consumismo. No crecían paralelamente el estatus social, la educación y el desarrollo espiritual; lo que se adelantaba en el aspecto económico se perdía en el espiritual. A manera de solución se crea el programa Operación Serenidad que buscaba la reflexión y sosiego ante el abrupto desarrollo económico en la isla, insistiendo en un enfoque cultural y educativo. La necesidad de este programa representaba un síntoma evidente de un nuevo problema en la isla. El narrador subraya el hecho y lo analiza como otro fiasco del proyecto del gobernador:

> Reconocí la utopía y el fracaso del manifiesto muñocista. Operación Serenidad era el desideratum para la creación de una sociedad ya imposible, proyecto de una convivencia fundamentada en aquellos valores transformados precisamente por el desarrollismo del Partido Popular. Era el penoso intento de rescatar un modo de vida que la industrialización del país alteró radicalmente. Es el sueño de restaurar la 'patria-pueblo', de reencontrar aquel pueblo solidario que supuestamente convivía como una gran familia, comunidad feliz en el trabajo, de mesa humilde pero generosa, sociedad ajena a un dominio extranjero que gobierna 'respetuosamente de lejos'. (45)

Al concluir la reunión, el entrevistador se había ubicado en una posición de superioridad respecto al entrevistado: había conducido la conversación y forzado el rumbo de las preguntas de manera que había tenido la oportunidad de reclamarle una explicación por el fracaso político provocado por él. Sin embargo, una vez logrado su cometido, retoma el sentimiento enternecedor que el líder le provoca y declara, analiza y confiesa su carácter de inmortalidad: "[L]a grandeza de Muñoz Marín me alcanza, tocándome inevitablemente. Este Don Luis es la changa máxima, que bárbaro, sería capaz de ganar elecciones hasta después de muerto" (48-49). Este apartado de la crónica, marca en la vida del narrador una etapa más en el ciclo mesiánico, ya que se valora al mesías por su obra y, a pesar de sus diferencias intelectuales, continúa y sobrevive su estimación. Se reafirma la posición del líder como el elegido; se solidifica el movimiento.

La tercera parte del libro, "El entierro", el cronista relata la procesión del cuerpo del líder sin vida. Esta es la sección de mayor importancia del texto en términos narrativos. Es la culminación del proceso de apreciación y resentimientos que el narrador siente por el líder. En los dos primeros capítulos analiza su vida, pero siempre en función de la repercusión directa que ha tenido la obra del líder en la vida del narrador. Si en la primera parte era una suerte de descubrimiento infantil y en la segunda un espacio de reproches de adulto, en la tercera, es una reflexión en la que el narrador visualiza la trascendencia de esta figura desde una perspectiva más sentimental e influenciada por la recepción que demuestra el pueblo ante la muerte del líder. Es en este capítulo aparece por vez primera el pueblo, su voz y por ende su sentir.

En este apartado se inicia la etapa de peregrinación con el líder; es una de las etapas más importantes en los movimientos mesiánicos por lo que representa esta trayectoria. Cuando en un movimiento mesiánico el grupo sale con su guía denota que el movimiento está sólido, establecido y tienen metas en común. En el caso de *Tribulaciones,* el grupo que peregrina guarda estas características con la diferencia de que el cabecilla ha muerto; pero igualmente se comienza la trayectoria cuyo fin es llegar a la tierra prometida, y fundarla. De la misma manera que la terminación del movimiento no significa la destrucción de la creencia mesiánica, la muerte del líder no destruye el movimiento en el caso que nos ocupa.

En este proceso de formación, organización y solidificación del grupo, a través del dolor y testimonios compartidos por los asistentes, le confiere un sentido de unidad y uniformidad inminente de las fundaciones nacionales. Este capítulo es particularmente desafiante para el narrador pues lucha entre sus frustraciones ante la figura que tanto ha afectado su vida, pero no puede evitar el sentimiento de dolor ante la posibilidad del fin de lo que concibe como una era: la era muñocista. Si bien este cronista despreciaba la obra del líder, era un rencor conocido, un lugar de visita confortante; no le era extraño el discurso de reproches y antipatía. Ahora lo sobrecarga la angustia del vacío que queda; la desesperación que le provoca lo desconocido. De igual manera, lucha con el sentimiento de unidad del pueblo, ante el cual no siente apego o carácter de pertenencia; en realidad no entiende el comportamiento del grupo y lo tilda de caótico, desorganizado. En más de una ocasión busca, con fútil resultado, ser parte de este grupo e identificarse y participar activa y sentimentalmente en el dolor o en la euforia.

La culminación de este caminar con la figura del líder representa, no sólo la llegada al destino preestablecido, sino al acercamiento de la fundación de la nación puertorriqueña en el espacio del cementerio que, en este caso, simboliza la *tierra prometida*.[22] El día de su muerte problematiza el movimiento ya que podría representar una amenaza al orden establecido por él mismo. La tierra prometida o el

---

[22] Michael Foucault, en su ensayo "Of Other Spaces: Utopias and Heterotopias", establece que el espacio del cementerio ha cambiado con el transcurrir del tiempo y lo que en un principio formaba parte central de la ciudad fue movido a la periferia: "[C]emeteries only moved out of the suburbs during the course of the nineteenth century. From then on, they no longer constituted the sacred and immortal wind of the city, but the 'other city', where each family possessed its glommy dwelling."(26)

cementerio, según este texto, es donde se intenta fundar la nación puertorriqueña. Como elemento destacado debo señalar que ésta no guarda en sí misma elementos mágicos o sobrenaturales que favorezcan la fundación de la nación; ya que como arguyera Zayas Micheli: "la nación no la forma la coexistencia espacial de una conglomeración sino la comunidad de conciencia" (172). Sin embargo, tanto la figura del líder en el cementerio, como el cementerio en sí, sirven de elementos de cohesión, dándole forma a una hermandad colectiva. Esta cofradía, unida por una situación límite en la se comparte esa visión de mundo encuentra en la figura del líder la noción de unidad y continuidad del pueblo puertorriqueño. Como consecuencia, esta concepción de mundo compartida por todos los asistentes al entierro da lugar al "ente colectivo llamado nación" (173). La figura de Luis Muñoz Marín en la crónica es matizada como la de un héroe nacional que al nacer dio la esperanza de unir a un pueblo ante la invasión foránea de Estados Unidos en 1898 y el día su muerte refuerza el concepto de salvador que se ha tenido de él a través de su vida y obra, al restaurar una vez más la estructura nacional de su pueblo. Con su nacimiento inicia un ciclo de orden y estructura nacional y con su muerte lo reafirma. Los testimonios de distintos grupos sociales coexistiendo en la peregrinación apoyan lo aquí dicho y se le reconoce como figura inmortal:

> Quique temía que con la muerte de Muñoz acabara, además de toda una época, todo un crisma. No será así, pienso yo; además, con la salud que tenía más vale muerto que vivo para una larga campaña. Los muertos no se cansan, ni padecen de afasia…Es la fantasía hollywoodense del Cid Campeador: Su última batalla la dará después de muerto; acabara con los republicanos, hasta con su muerte el Viejo hizo política. (80)

Es evidente que Muñoz Marín ha sido una figura compleja con la cual lidiar. Desde una perspectiva respetuosa podemos convenir en su magnitud e influencia en la formación de la personalidad y desarrollo puertorriqueño; cambió el rumbo histórico. Su figura ha estado marcada desde su nacimiento hasta su muerte como un ser especial. A pesar de los desencuentros con la historia, su huella y carisma son irrefutables y tan celebradas han sido sus acciones como su muerte.[23] A lo largo de la crónica la clase letrada y la campesina no pueden escapar o negar el alcance de su obra ni el aprecio, no siempre fácil, a su figura.

El proceso de formación nacional desde un lente mesiánico no implica cambiar el curso de la historia sino pensar su trayectoria bajo esta metáfora. El líder que el pueblo eligió libremente extravió el curso natural evolutivo de la nación puertorriqueña que iba encaminado a la independencia política y psicológica. Aquí radica la insuficiencia del proceso histórico. Esta falta es doble, primero se traiciona el ideal que lo llevó al poder, así como también se oculta al sector marginal mulato. Supone una negación del curso de la historia y de la realidad racial de la isla. El líder, la crónica y la historia ignoran a este sector marginal como elemento esencial en la formación de la personalidad constituyente del ser puertorriqueño como mayoría poblacional. En estas irregularidades, se encuentra el alma

---

[23] Miguel A. Soto, presidente del Centro para Una Nueva Economía, publicó el 26 de marzo de 2014, en el diario puertorriqueño, El Nuevo Día, un ensayo titulado "Murió". En este ensayo recurre a la figura de Luis Muñoz Marín como un legado, un mesías, un líder irrepetible, al plantearse el estado caótico del país con el sistema de electricidad: "Aparentemente, hay muchas personas que no se han enterado que Luis Muñoz Marín murió. Todavía siguen ñangotaos y aplatanaos en espera de que venga un caudillo benévolo a salvarlos y proveerles desde los zapatos hasta la casa."

nacional puertorriqueña que en el próximo capítulo la vemos glorificada y culminada en la figura de Ismael Rivera, figura mesiánica del mulataje que le otorga visibilidad a este sector popular minimizado hasta entonces.

CAPÍTULO IV

El entierro de Cortijo:
Maelo, forjador de la nación

...como si ser mulato no fuera la carta
de ciudadanía más ilustre de América
José Vasconcelos, *Indología*

La muerte y el entierro del músico negro Rafael Cortijo suponen un momento de crisis para la sociedad puertorriqueña periférica. Este músico le facilitó una mayor participación y visibilidad dentro de la sociedad al sector negro y mulato de la isla. El sector marginal vio en su figura y música a un representante de su raza y experiencia, además de otorgarle un sentido de identidad y de orgullo. En el momento de su muerte, sus seguidores pierden el rumbo y nace la necesidad de un sustituto; de una figura que prolongue y perpetúe lo logrado por Cortijo. El amigo y músico de Cortijo, Ismael Rivera, encarna a este líder que la población marginal precisa. Se convierte pues Rivera en la figura mesiánica de la población mulata puertorriqueña. El sepelio de Cortijo figura la culminación de la formación nacional puertorriqueña. En la crónica, *El entierro de Cortijo* se evidencia este proceso fundacional. Ésta es el epítome de la trayectoria comenzada con el siglo XVIII puertorriqueño en *La noche oscura del Niño Avilés*, atravesando la transición en la formación nacional con *Tribulaciones de Jonás*.

El entierro de Cortijo encarna a un Puerto Rico con una nacionalidad firme que logra su autonomía, no en términos políticos, pero en términos raciales. La isla mulata conquista su emancipación a través de la música popular y persona de Cortijo. Tanto el entierro como la publicación sobre éste, por parte de Rodríguez Juliá, testifican su fuerza social y racial.

El lector de la crónica es testigo del proceso de afincamiento nacional que culmina el día del entierro del conguero. A este entierro acude el pueblo mulato y negro que nace a raíz de los cambios sociales propiciados por la política del gobernador Luis Muñoz Marín. Este sepelio es capitaneado por el sector marginal racial y económico puertorriqueño, apoyado por la emisora radial Z-93.[24]

Las crónicas rodriguejulianas: etapas de formación nacional que se suceden

En las crónicas de Edgardo Rodríguez Juliá podemos encontrar unos esquemas temáticos y estructurales constantes; no obstante, otros elementos conforman parte de su particular estilo, como son los excesos y la utilización de dos voces narrativas que se complementan dialécticamente: por un lado, el pueblo o la masa y, por otro, una voz identificada con la propia conciencia del autor. Esta

---

[24] La estación radial Z-93 es un instrumento vital en esta neosociedad mulata que nace en un Puerto Rico pos-industrial y que es el engendro de una sociedad en las postrimerías de la modernidad; es una sociedad posmoderna. El sistema de valores también sufre los efectos de la modernidad y los centros de poder varían. En *La noche oscura del Niño Avilés*, vemos cómo se inicia el cambio que se da en una sociedad a punto de entrar en la modernidad, donde la Iglesia va perdiendo su poderío y ya no se acepta a Dios como el centro. En *Tribulaciones de Jonás*, vemos a un líder político como figura paternal que guía al país y lo lleva a la modernidad. El resultado de esta modernidad es lo que vemos en *El entierro de Cortijo*, en el cual Z-93 capitanea el sepelio. Igualmente en el entierro de Héctor Lavoe, como vemos en *Cada cabeza es un mundo: relatos e historias de Héctor Lavoe*, la emisora Z-93 simplifica la comitiva y posibilita el traslado del cadáver a Puerto Rico años más tarde.

última suele presentar los rasgos de la duda, la indeterminación frente a las posturas sólidas del pueblo, a la vez que entra en conflicto introspectivo, psicológico. Los debates internos del narrador responden a la sensación, a veces —certeza en la mayoría de los casos— de una marcada distancia socio-personal, y hasta racial, con el objeto analizado: el pueblo, concebido como un personaje colectivo, como un cuerpo. El espacio, el entorno real y específico en donde se desarrollan las acciones, adquiere también un rol protagónico, ya que es el escenario en donde se enfrentan, el individuo y la masa, y se establecen las relaciones que conforman la tensión del relato. Mientras el grupo subalterno define y constituye al individuo como ente particular, éste los deconstruye a ellos. Es una especie de tapiz penelopiano.

Las crónicas *Tribulaciones de Jonás* y *El entierro de Cortijo* tienen varios puntos de convergencia; el más evidente, al menos, *a priori* es que nacen a raíz de la muerte de líderes que gozaron de un enorme arraigo popular. Por un lado, Luis Muñoz Marín: "el patriarca descendiente de terratenientes criollos" y por el otro, Cortijo: "músico de caserío y descendiente de esclavos" (Rodríguez Castro 69). El autor dedica gran parte de ambos relatos a la descripción del proceso de duelo que sufre el pueblo ceremonioso. Analiza detenidamente lo que para él supone el espectáculo que desfila ante su lente crítico; sin embargo, el narrador se debate en un eterno ir y venir íntimo y anímico. A causa de esa situación, surgen las incesantes divagaciones, abstracciones, incisiones y digresiones que lo alejan intermitentemente del escenario y lo remontan a mundos interiores, a tiempos pasados, en definitiva: a otro espacio oculto. Este espacio de mayor complejidad sicológica es en donde esa voz en primera persona se explaya y se adentra en situaciones desencadenantes de otras, y así, sucesivamente, se va conformando la maraña narrativa que pueden parecer los textos de Rodríguez Juliá.[25]

Rubén Ríos Ávila, en su artículo "La invención del autor: escritura y poder", distancia ambas crónicas, acertadamente, distinguiéndolas en su enfoque, y establece que *Las tribulaciones de Jonás* "es la crónica del Muñoz del pueblo" y que *El entierro de Cortijo* "es la crónica del pueblo de Muñoz" (56). Parto de esta afirmación para establecer y esclarecer ésta y otras dicotomías que evolucionan y distancian una crónica de la otra, enfatizando, claro está, en *El entierro de Cortijo*.

El entierro de Cortijo es considerada como una rectificación de la anterior; es decir una reivindicación personal; el narrador de *Tribulaciones* se caracterizaba, en gran medida, por su confusión sentimental al momento de narrar, mientras que el narrador de *El entierro* atisba a un distanciamiento emocional. Temáticamente son similares y la estructura intrínseca de la obra es análoga. *El entierro*, como bien lo establece el título, trata del sepelio del músico popular negro de bomba y plena, Rafael Cortijo. El autor recoge, a través de observaciones, lo ocurrido en el transcurso del tiempo que va desde la llegada al velorio hasta la sepultura del artista. Gran parte de la crítica se enfoca en los giros de las voces del pueblo que el narrador rescata y plasma en el papel, creando un mosaico que representa la clase social que predomina en el evento. La lectura de esta crónica se divide en cinco apartados temáticos: la llegada

---

[25] En una entrevista realizada 16 de febrero de 2003 por Carmen Dolores Hernández a Rodríguez Juliá para el periódico puertorriqueño *El Nuevo Día*, el autor de *El entierro de Cortijo* declaraba que el motor principal que provocó sus motivaciones en este texto fue "tener siempre presente la voz de la realidad, la voz de la gente. Es algo que yo le resentía un poco a la literatura puertorriqueña, que no escuchaba Puerto Rico en esa literatura. Mi intención ha sido que Puerto Rico esté presente ahí".

al caserío Lloréns Torres; el merodeo del narrador sobre el concepto de muerte; su relación visual con los muertos, en contraste con la relación palpable del cantante Cheo Feliciano; la relación y procesión de Ismael Rivera con Cortijo y la rumba con la que culmina el entierro.

En la crónica es inequívoca la devoción hacia la figura de Rivera. Éste es presentado como una figura cristológica, que sufrió quebrantamientos de la voluntad y purificó su alma. Es resaltada la superioridad espiritual característica de entes privilegiados; se enfatiza su capacidad personal para el perdón, el sacrificio personal por la salvación de otros, la tolerancia, el amor al prójimo y la futilidad de juzgar a los demás por sus pecados. Sin duda estamos ante un dios.

Si bien es cierto que *Tribulaciones de Jonás* se caracterizaba por las emociones conflictivas del narrador debatiéndose entre rencor-admiración, perdón-justificación, duelo-melancolía hacia la figura de Muñoz Marín, también es cierto que en *El entierro de Cortijo,* tanto el narrador como el pueblo, muestran un comportamiento a primera vista diferente. Por un lado estamos ante un narrador, en apariencia, más consecuente, distante del texto y la circunstancia, y por ende en control de sus emociones como espectador y, a su manera, integrado como parte del pueblo. Sin embargo, no desaparecen en esta obra los conflictos internos del narrador; simplemente varían sus incertidumbres y sus provocadores. Por otro lado, el comportamiento de la masa se distancia del que presenciamos en *Tribulaciones* pues éste es más sonoro: la despedida se convierte o transforma en una gran fiesta. En estos momentos los tambores que llenan de ritmo la solemnidad del entierro, retoman su origen negro, sirviéndose de códigos secretos, tal como lo hicieran los antepasados africanos. Dicho de otra manera: es como si se tratara de una revuelta secreta ininteligible para el sector blanco representado, en este caso, por el narrador.

El narrador y los hijos de la posmodernidad: lucha de clase y raza

La crónica comienza con la llegada del narrador al caserío Luis Lloréns Torres, donde se inicia el proceso de enterrar al conguero Rafael Cortijo. A este entierro acude una multitud de seguidores y curiosos, además de amigos personales como lo eran el cantante Cheo Feliciano, el pelotero Peruchín Cepeda y su amigo de infancia, el sonero Ismael Rivera.[26]

El narrador que acude al entierro comienza su lucha cuando se posiciona como la minoría o el "Otro", subvirtiéndose en la narración clasificaciones sociales; los subalternos pasan al centro, desplazando a la clase dominante, representada en el texto por la figura del narrador. Éste percibe su propia presencia como un ente desavenido y, en cierta medida, desconcertante, ya que proyecta una serie de signos externos poco comunes en la masa predominante, como lo son su blanquitud, la manera de vestirse, sus lentes; en general, su aspecto foráneo. Para entender su autoanálisis nos bastan sus propias palabras, su meditación acerca de lo que cree que el pueblo debe pensar de él: "[…] perfil decimonónico mallorquín […] Un blanquito de cara mofletuda, bigotes de punta al ojo y espejuelos es una presencia perturbadora en Lloréns… galán intelectual es sinónimo de pendejo" (12-15).

Sin embargo, gran parte de esta inadecuación es predominantemente una proyección del narrador y no un

---

[26] Rivera, además de ser su amigo personal trabajó junto a Cortijo muchos años.

comportamiento de rechazo por parte de los presentes quienes, salvo en alguna ocasión o dos, en que lo observan con curiosidad. En términos generales, el pueblo está absorto con la muerte de su líder o Mesías. En este sentido el autor insiste en autoexcluirse de la masa, tal como lo hiciera en la crónica del entierro de Luis Muñoz Marín, impulsado más por sus propias vacilaciones que por un repudio real.

De igual manera, y por extensión de esta actitud altiva y envanecida, se siente vulnerable ante la posibilidad de la mirada imputadora que anticipa por parte del pueblo: "Pero no crean, también yo seré sometido a la mismísima reducción… ellos son capaces de leerme, ya me tienen leído: ese tiene cara de mamao" (13). Este narrador presenta su aspecto físico como desventaja y teme por su vida, tanto al comenzar la crónica como hacia el final y describe diversas maneras en las que su vida está en riesgo:

> El prejuicio de clases reduce hasta el límite paranoico. Traspasar este corredor mítico de violencia es casi asegurarse una cañona a manos de algún teco de bejuco desesperado, apresuro el paso, se trata de llegar vivo al velorio de Cortijo" (12-13).

La única manera posible de salir con vida es bajo el amparo del difunto: "Apresuré el paso, Cortijo muerto me espera como tabla salvadora" (15). Finalmente, teme morir sofocado: "[M]e aterra la posibilidad de morir asfixiado en el entierro de Cortijo" (82). Según la voz narradora, Cortijo es inmortal, así que, aunque físicamente ha fallecido, posee el don de la eternidad y a él recurre en petición de ayuda. Hemos de cuestionar, entonces, hasta qué punto las observaciones del autor están manipuladas por el miedo y que, más que observaciones, puedan ser ataques a esa clase a la que, ha enfatizado, no pertenece y por ello teme.[27]

Gran parte del texto contiene una divagación metafísica sobre su concepto de la muerte y las actitudes sociales que se asocian con ésta, entiéndase velorio-entierro. También explora la etiqueta social apropiada en estos menesteres e inclusive su singular relación personal con otros muertos famosos y la incomodidad que le provoca observar estas figuras inertes. A su vez relaciona los eventos del velorio y el entierro, siendo el primero la antesala del segundo; quiere decir, que el velorio representa el último paso antes de la despedida final. Es un periodo problemático, ya que aún tenemos el cuerpo presente como testimonio de lo que fue una vida; este hecho complica la aceptación de la ausencia definitiva:

> Si el entierro es el fin de la vida en él se cumple la distancia definitiva entre el muerto y los deudos; el velorio es el reino de las emociones conflictivas, el espacio donde el desordenado tiempo interior no se decide entre acatar la muerte o negarla, ello por la engañosa estadía de ese muerto que aún no se ha convertido en recuerdo; un cadáver de cuerpo presente es una presencia inquietante, precisamente por el hecho de que la ausencia no acaba de cumplirse del todo. (11)

Como afirmara María Elena Rodríguez Castro: "*El entierro de Cortijo* se podría leer como la contrapartida de las *Tribulaciones de Jonás*" (88). Si en la primera crónica el autor se debatió entre el sentimiento de pérdida y la inmortalidad de Luis Muñoz Marín, en ésta, establece desde el inicio de

---

[27] Al narrador diversas situaciones le causan irresoluciones internas, por ejemplo: su llegada al velorio, la caja de Cortijo abierta, el comportamiento de la masa, la música, el sufrimiento de Ismael Rivera y la presencia y de *Z-93*.

la obra su concepción de que la muerte eventualmente puede ser el fin. Sin embargo, es sólo una proposición, ya que no asevera que el entierro sea el fin de la vida sino que, de ser cierta esta hipótesis, entonces la parte más traumática de toda la experiencia funeraria sería el velorio. Su enfoque inicial ya no es la incertidumbre que siente ante la pérdida de una persona, sino un proceso catártico que intenta superar, recurriendo a planteamientos racionales y filosóficos. Negocia semánticas sobre el verdadero valor de la inmortalidad. De hecho, Rodríguez Castro asevera que "no es el mismo cronista el que asiste a ambos entierros" (79). Ciertamente, hay algunas diferencias o un atisbo al control, a la distancia con la muerte o a su vulnerabilidad emotiva lo cual no indica que sea un velorista reformado, sino, en cualquier caso, simplemente modificado. A pesar de que sus crónicas se construyen a partir de la observación, es incapaz de mirar los cadáveres que, según los títulos de sus libros, indican ser el centro temático. Su mirada no se enfoca en los cuerpos inmóviles, sino en el pueblo doliente, en donde se sigue desarrollando la actividad vital: "No soy aficionado a los ataúdes abiertos; hay algo siniestramente embarazoso en ese yacer de los cadáveres prefiero la solemnidad abstracta del ataúd cerrado" (*Entierro* 24). De manera que, a pesar de que su crónica apuntara hacia la figura de Rafael Cortijo, éste pasa a un segundo plano. El narrador cuestiona la autenticidad del dolor del pueblo; no le parece genuino, más bien todo le parece una función prosaica:

> Me pasa con los cadáveres lo mismo que me ocurre con el milagro de Lourdes... Todo ello me parece una teología degenerada, una escatología decadente, espectacular y novelera... ese barroco espectacular y contrarreformista me vuelca dos veces el estómago... Cortijo, Cortijo, un Cortijo silencioso que casi

prefiero no mirar. Y es que la muerte de un músico, ese silencio perfecto, resulta dos veces más aterradora. (24)

No queda clara su posición ante los cadáveres expuestos, primeramente su rechazo parece estar motivado por un sentimiento de pudor y luego arguye que son un espectáculo, para más adelante considerarlo una oportunidad excelente para superar su aversión a la muerte y los muertos: "[M]irar el rostro de un muerto famoso es ejercicio ideal para mi espíritu atribulado con la catástrofe de la muerte" (26). Añade que ha observado con detenimiento a otros cadáveres y que en una ocasión le fue prohibido entregarse a este voyerismo: "Cortijo es, con excepción de Albizu Campos, el muerto que más he mirado.[28] Doña Inés me prohibió mirar a Muñoz Marín" (26).

Desvía la mirada para concentrarse en observaciones de lo que pasa a su alrededor, alejándose momentáneamente de su relación, no más fácil, con los cuerpos muertos. El papel del narrador como espectador lo ubica en una posición de anhelada autoridad. Con esta misión busca el narrador señalar a las personas que *organizan el dolor* y las peregrinaciones funerarias; sin embargo, ansía el control no existente, desde su perspectiva. A través de la palabra escrita consigue el codiciado dominio y distanciamiento, cuyo fin es la desvinculación emocional que esclaviza y aleja de la objetividad deseada de un cronista. Desde su vigilia, clasifica al pueblo por sus actos, su manera de vestir, de hablar, sufrir y celebrar la muerte. La narración está basada en observaciones y apreciaciones personales; por lo tanto, éstas se filtran a pesar del esfuerzo

---

[28] Es la única mención que hace de la figura. Hubiera sido útil y acertado traducir a un texto la razón por la cual observó tanto a esta figura casi ausente en su obra.

del narrador por ocultar sus prejuicios. Así que no leemos la crónica como hecho histórico sino como una versión sobre lo ocurrido.

El narrador de *El entierro de Cortijo* procura establecer su autoría, valiéndose de múltiples estrategias narrativas, ofreciendo su soteriología a manera de reivindicación, para subsanar, de este modo, su posición periférica temporal. La agresión verbal es una de sus tácticas en su búsqueda de un sitial más digno. Ataca introspectivamente la falta de memoria histórica del pueblo puertorriqueño en comparación a la propia: "[O]curre que este país echó su memoria al zafacón" e inmortaliza a Cortijo a través de su propio recuerdo al referirse a su legado" (37). Invita a Cortijo a tranquilizarse y lo llama Cortijito, en diminutivo, achicando la figura admirada, convirtiéndose en un semidiós capaz de inmortalizarlo:

> [T]ú vivirás Cortijo; aunque ya nadie te escuche ahí estará tu obra monumental, paciente aunque silenciosa, siempre dispuesta a resucitar. No te preocupes mi Cortijito, ya verás, no te negaremos del todo, a pesar de esta jodida memoria histórica que sólo se remonta al olvido" (37).[29]

---

[29] El pasar del tiempo ha probado que el narrador tuvo una visión profética, ya que veinte años más tarde ha habido un resurgir o *resucitación* de la bomba, la plena y la salsa; y dentro de la última, una tendencia: la salsa evangélica que vio sus inicios con Ismael Rivera y Héctor Lavoe ("El Nazareno" y "El todopoderoso" respectivamente"). Luis Vázquez, en "Go and Make Disciples: An Analysis of the Salsa Evangelica Movement in Puerto Rico", afirma que existen subdivisiones: salsa evangelizadora, de adoración, autobiográfica, y testimonial. Estas modalidades guardan en común con los géneros más antiguos que ellas "speak from the collective experience of the Puerto Rican working class" (222). Ha sido una suerte de reivindicación musical y social y siempre desde la perspectiva de la periferia. Comparten, pues, sus seguidores una solidaridad en su visión de mundo. Esta nueva corriente sirve de continuación a los ritmos y temática inmortalizados tanto por Cortijo como por Ismael Rivera.

El cronista, a diferencia de su pueblo, sí posee una memoria privilegiada que utiliza para restablecer su desventaja en el entierro. Las embestidas del autor apuntan no sólo a la fragilidad de la retentiva del pueblo, sino que también indaga en casos específicos, notorios y personales de figuras públicas presentes en el velorio. Repasa con el lector los episodios nefastos que éstos tuvieron con la justicia por cargos de posesión de drogas. Menciona como protagonistas de estos hechos a los músicos negros y mulatos, Rafael Cortijo, Ismael Rivera y Cheo Feliciano y al pelotero, Peruchín Cepeda, quienes han sido detenidos o han cumplido sentencias carcelarias.[30] El narrador decide enfatizar y perpetuar, de esta manera, el viejo estereotipo de los músicos de raza negra que son una suerte de enfermedad para la sociedad blanca: "the popular stereotype of the working class salsa musician as a drug addict and alcoholic" (Vázquez 206). Ignora momentáneamente las contribuciones en términos de música, raza y espacio que este grupo de negros ha aportado a su clase como lo ejemplifica Marilyn Millar:

> Rafael Cortijo and vocalist Ismael Rivera…together recreated in the 1950's a 'proletarian' plena sound. The plena was associated with the arrabales or marginal island neighborhoods of Ponce, Santurce and La Perla before its success in the recording studios and on the stages of New York. Cortijo and Rivera consequently adapted their plenas to the realities of life in the caseríos or housing projects constructed during the tenure of Luis

---

[30] En 1962, al regreso de un viaje a Panamá, Cortijo e Ismael fueron detenidos en el aeropuerto Luis Muñoz Marín por posesión de cocaína. Ismael fue sentenciado a cuatro años en un programa carcelario de rehabilitación en Kentucky en la penitenciaría de Lexington. A raíz de este incidente el grupo se disuelve.

Munoz Marin, after the island's convertion to commonwealth status. (Millar 45)

Intento de desmitificación de la figura mesiánica

El narrador comienza la flagelación con la figura de Maelo:

> "No, no, Maelo nunca ha sido tan fuerte: ha sucumbido a la droga, al alcohol, al desarreglo total mi pana, y ahora también quiere abandonarse a la experiencia del dolor perfecto" (*Entierro de Cortijo* 41).

Satiriza su debilidad; denuncia su falta de voluntad y luego muestra una tolerancia que proviene de un ser superior, que comprende y no juzga. De igual manera, señala los vicios invencibles que opacaron la gloria que arropaba la imagen del pelotero, Peruchín, y vuelve el narrador a hacer hincapié de lo que recuerda:

> Peruchín es un prodigioso mulato que también marca el paso en la lealtad al plenero mayor. Pero entonces, el incidente del aeropuerto, la marihuana, el Mercedez Benz incautado, los pocos años de prisión...su tropezón con la maligna también es una cruz que arrastrará hasta el final de sus días. (68)

El cronista ignora o no toma en cuenta las glorias de Rafael Cortijo, Ismael Rivera, Peruchín Cepeda y Cheo Feliciano, no sólo en el ámbito artístico, sino en el campo de los deportes, despreciando de esta manera, las repercusiones históricas que este sector negro ha contribuido.[31] Subraya los reveses y como parte de su plan perfecto para la reivindicación de los ilustres asistentes los

---

[31] Eco del movimiento pro africano, que a su vez encontraba eco en la historia de los negros oprimidos en Estados Unidos.

condena a cargar la cruz de sus propias debilidades que él, personalmente no ha olvidado. De la misma manera que en el *Nuevo Testamento*, la peregrinación de Jesús, cargando la cruz tienen un fin catártico, en la crónica cumple la misma función redentora. La cruz de Peruchín fue la droga, igualmente, la de las demás figuras en el ámbito de la música que asisten al entierro. Sin embargo, y a pesar de ser señalados por sus debilidades, el narrador recuerda al lector que la salvación a su vez es individual, o más bien el sacrificio individual es para la gloria de su pueblo.

Convierte a cada figura pública en una figura cristológica que ha de redimir los pecados con un ejercicio público ya que son: "testimonios que nos exige la comunidad; lo mismo añoran la sinceridad que cumplan con las señas del rito" (*Cortijo* 72). La soteriología se reduce a su flagelación verbal y luego la materialización del castigo expiatorio que es cargar la cruz ante la mirada ajena. El narrador sufre un desdoblamiento; en ocasiones se convierte en un dios, y en otras, se convierte en Jesús, y en otras, en parte de la masa. Quiere decir que el narrador es en su persona es una réplica de la Santísima Trinidad. Por un lado condena y señala, en otras ocasiones deambula entre ellos para más adelante perdonar: "Pero Peruchín, tú tranquilo, estamos contigo mi pana" (69). A Cheo Feliciano le aplaude haber dejado las drogas, para luego advertirle que no debe sucumbir a la tentación nunca más: "[E]res el niño emblema de todos los quitaos sobre la faz de la tierra. Quieto, mantente ahí, no sucumbas por na del mundo" y finaliza refiriéndose a los tres,[32] como otra *Santísima Trinidad* perdida pero rescatada por el perdón del narrador todopoderoso: "Cheo, Peruchín y Maelo, ahí vienen, ya son

---

[32] Cheo, Peruchín y Maelo.

tres pararrayos de las substancias controladas; en esos pies cuadrados frente al féretro la notoriedad enorme de la droga" (69). A Cortijo le llama "Cortijito", a Peruchín le dice "mi pana" y a Cheo lo llama "el niño", el ejemplo sobre toda la tierra; los redime y los incita a seguir por el camino correcto (69). El uso de esos tratos de confianza —en ocasiones en itálicas, para mayor realce— está lleno de ironía. Permea en el texto la idea que el narrador es una figura egregia de blanco-paranoico con peligro de morir entre la masa mulata-negra.

El acercamiento del narrador al pueblo se desarrolla marcando desencuentros. Una vez establecida su posición privilegiada expuesta anteriormente, pasa a subrayar otro distanciamiento: el del comportamiento del pueblo en el funeral del músico. Esta conflictiva experiencia se inicia en las primeras oraciones de la crónica y sólo encuentra una resolución y entendimiento al final de la misma. También somos testigos de su incertidumbre al analizar el trato del pueblo con el cuerpo de Cortijo durante el día de su entierro. Lo sorprende primeramente la relación física de los cantantes Cheo Feliciano e Ismael Rivera con el cuerpo inerte de Cortijo; termina analizando la conexión del pueblo, igualmente, con el cuerpo de Cortijo sin vida.

Esa familiaridad con el cadáver es un comportamiento desconocido para el narrador, a quien se le dificulta tan sólo observarlo, de manera que le es incomprensible esta intimidad y complicidad entre estos dos hombres que parecen burlar la muerte:

> Cheo se planta frente al cadáver como si se propusiera la tarea de lograr algún desconocimiento. Pero no es así, ya lo sé, el gesto resulta engañoso: Esa mirada tan cercana a la ternura pretende conciliarse, meramente alcanzar la resignación perfecta.... Cheo lo mira y se le dibuja una sonrisa. Más acá de la

muerte Cheo sabe que Cortijo vivirá, pero por ahora, que descanses en paz, viejo, y mira que de ti sólo nos queda el perfume de la bondad. ¿Qué más se puede decir Rafael?...Cheo levanta el vaporoso tul del espíritu para tocar las manos del gran conguero. Toca esas manos como si pretendiera consolar a Cortijo. Y ya cuando retira la caricia se da cuenta de un detalle cuyo cuido resume toda la ternura del sonero. Reconoce que ese diminuto crucifijo del rosario que Cortijo tiene en las manos no está bien colocado. Hay que respetar la perfección del cadáver: Cheo Feliciano devuelve el diminuto crucifijo en su sitio. Se retira complacido de esta última conversación con el maestro. (27)

A través de sus manos, Cortijo se comunicaba musicalmente y, con el gesto de Feliciano al tocarlas, reafirma y perpetúa la comunicación eterna. Es prolongar el reto o el diálogo que surge exclusivamente entre conguero y bailador. En el artículo "A challange for Puerto Rican music: How to Build a Soberao for Bomba", Halbert Barton define este tipo de intercambio (*drum-dance challenge or reto*) rutinario dentro de la tradición de la bomba:

at virtually any moment in a bomba dance event a solo dancer may break off from the rest of the group or ensemble and approach the subidor to begin doing his piquetes, improvised steps that call for particular beats and sound combinations to be marked on the drum by the subidor. The challenge for the drummer is to mark these steps by reading the body language of the dancer in this 'agnostic dialogue' is to get and hold the drummer's attention and increase the challenge by executing steps that progressively increase the overall energy and vitality of the musical ensemble, and then end the challenge at the highest peak of intensity, reverting to the basic step. (Barton, 82)

El cronista, desde su lente, obvia la magnitud de esta comunicación y la tilda de irreal. Otra manera de intercambio que tiene el pueblo con su fenecido conguero es con la música que acompaña a su féretro en el camino hacia el cementerio. Si "la muerte es un silencio acentuado por la quietud" entonces, para el pueblo, la música comienza donde acaba el lenguaje, como afirmara el autor alemán Ernst Theodor Amadeus Hoffman (*Entierro de Cortijo*, 27-28). La música que acompaña la peregrinación hacia el cementerio alarga y eterniza la comunicación interrumpida por la muerte física de Cortijo. Un diálogo superior sustituye el silencio que impone la expiración. Este comportamiento no lo entiende el narrador y lo caracteriza como uno irreverente. En su lugar, el cronista alaba la grandeza del músico para luego negar su muerte, aunque en esta ocasión con cierto distanciamiento que no evidenció en el entierro de Luis Muñoz Marín. No cede al dolor; en realidad nadie llora, pero por razones diferentes. El único visiblemente afectado es Ismael Rivera.[33] Según los salsólogos, la amistad entre Cortijo y Rivera se remontaba a sus años de juventud.[34]

El narrador busca opacar cualquier tipo de autenticidad en los actos de Rivera. En primera instancia, cuando el último se aproxima al ataúd de Cortijo y lo abraza, le susurra algo que nadie escucha pero que el narrador interpreta: "como una jeringonza privada a una sola voz entre

[33] "[E]l sonero mayor" como lo bautizara Benny Moré, o Maelo como también se conocía afectuosamente y como el narrador se refiere a él en repetidas ocasiones.

[34] Rafael Cortijo e Ismael Rivera asistían a la misma escuela secundaria en el pueblo de Santurce. Tenía entonces Cortijo 15 años y Rivera 14, según una entrevista hecha al último. Afirmaba que Cortijo lo iba a buscar a su trabajo de albañil con sus tambores. Estos marcan los inicios de lo que fuera la agrupación Cortijo y su combo.

los dos capitanes del mandinga sonero mayor", reconoce la intimidad entre ambos, para más tarde, poner en duda la legitimidad de estas señales externas de sufrimiento: "¿Hay narcisismo?" y rápidamente contesta su interrogante: "Pues claro que sí. En todo dolor comunitario hay una pizca de narcisismo" (42). Ismael Rivera se convierte, pues, en una proyecciónególatra del autor. El impacto que causó este encuentro-diálogo que Rodríguez Juliá tildara de ininteligible y espectacular es recordado con más benevolencia por Aurora Flores en "Ecua Jei! Ismael Rivera, El sonero mayor: a personal recollection":

> Maelo was devastated. He went to Puerto Rico to mourn his brother and say goodbye. Tears flowed as he spoke to his compadre in what seemed to be a secret language of Spanish, English, and African. He carried his buddy's coffin as he carried El Nazareno but this time, in pain and penance through the streets of San Juan to the cementery. Once there he knelt, made the sign of the cross and prayed before the masses at the San Jose cemetery in Villa Palmeras. He returned to New York destroyed, his spirit broken. He abandoned the words of El Nazareno and began to dance with Satan once more. (74)

El narrador de *El entierro* busca reposicionarse y borrar, de alguna manera, el sentimentalismo vertido en la crónica anterior, en la que se debatía entre admiración, dolor y rencor. En este discurso Ismael Rivera es un reflejo del narrador de *Tribulaciones*. Maelo se resiste a aceptar la muerte de su amigo: "El desasosiego cobra aquí un signo trascendental. Maelo sabe que el entierro es inminente... ahora sólo cabe la despedida" (48). El cronista busca con el comentario testimoniar que él ahora sí está bajo control; es superior a Maelo y lo tilda de débil: "A estos hombres tan sensibles hay que rescatarlos de su propia debilidad, de sus propios excesos, no vayan a desaforarse hasta la locura" (43).

Ismael Rivera: confirmación del elegido

Desde el punto de vista del cronista, el momento más conflictivo en el proceso de un entierro es el velorio, pues no se decide entre aceptar la muerte o negarla. El entierro significa ya el distanciamiento final entre el cuerpo exánime y sus deudos. Cuando comienza el entierro, entiéndase el camino hacia el cementerio, Ismael Rivera se convierte, según el autor en "promesa ardiente" y se "viste de penitente" (49). Comienza la peregrinación hacia el cementerio y esta procesión es enfocada en gran parte en la figura de Rivera. Las peregrinaciones no son ajenas en la vida de Rivera.[35] El narrador hace referencia a las peregrinaciones de éste en Venezuela, al Cristo de Portobelo.[36] Entonces, partiendo de este conocimiento, el narrador intenta darle significado a esta procesión con Cortijo. Además de ser una manera de purificación, las peregrinaciones son fundacionales.

Decía Zayas Micheli que los movimientos mesiánicos son "inherentes a las religiones y que plantean la creencia

---

[35] La peregrinación en la vida de Maelo tiene una función purgativa pero no necesariamente se comparan sus peregrinaciones personales con esta. Aurora Flores recuerda, en su diario, la descripción que Maelo hiciera sobre sus peregrinaciones:

We walk 17 kilometers to get to Portobelo. There are no cement roads and everyone travels in small coastal town by foot. I wear the robe while walking and think about how el negrito will help me. I think of his words of love for everyone and about forgiveness for all the evil in the world. (72)

[36] En los momentos de mayor conflicto con las drogas, Rivera viaja a Venezuela y participa en la peregrinación del Cristo de Portobelo y promete que de ser salvado de las drogas asistiría anualmente a dicha procesión lo que cumplió *religiosamente*.

en la venida de un emisario divino que traerá la paz, la justicia y la felicidad social" y resume los inicios mesiánicos en dos categorías principales: "Son dos tipos de situación social los que producen los movimientos mesiánicos: desorganización social que frisa en la anomia y el caos y segundo, una situación de dominio y subordinación que la sociedad está obligada brutalmente a sufrir" (53).

El movimiento mesiánico que se forma en la crónica del escritor puertorriqueño, Edgardo Rodríguez Juliá, *El entierro de Cortijo*, compuesto por hombres y mujeres, a raíz de la muerte del músico de ritmos afro-caribeños, Rafael Cortijo, se ajusta a esta definición de los movimientos mesiánicos. Primero, es un grupo mayormente negro, periférico, sumergido en la subcultura de la música popular de raíces africanas y, segundo, sufre la pérdida de su líder que como consecuencia crea una situación de desorganización, caótica. Como preludia el título de la crónica, *El entierro de Cortijo* es la ceremonia donde se inicia y culmina el movimiento mesiánico. Zayas Micheli establece que los movimientos mesiánicos se resumen en tres etapas fundamentales: la época de la preparación para la llegada del mesías, la llegada del mesías y la tercera época comienza luego de la fundación de la Ciudad Santa en el cementerio.

Rafael Cortijo aparece en la obra como una especie de Dios. Decía el narrador durante el entierro del músico que ésta "era una nueva presencia social, la del mulataje inquieto. Cantidad y calidad, de eso se trata el genio" (32). Con estas palabras, se presenta a Cortijo como el mesías, el salvador de las clases mulata y negra isleñas. Alrededor de su figura se crea su mito personal. Encarna, pues, la fundación de la nación mulata y negra.

A causa de la amistad y la complicidad que los ha unido toda la vida, Maelo queda mitificado en el momento en que Cortijo muere; convirtiéndose en el sucesor y perpetuador de su obra. Maelo es el hijo simbólico del mesías y le corresponde seguir la obra de su padre. Se inicia con Maelo un nuevo ciclo mesiánico a raíz de la muerte de Cortijo.

La culminación del movimiento mesiánico se concreta con la fundación de la ciudad santa. Como en todo movimiento mesiánico, el pueblo participa de una peregrinación masiva con su líder hasta llegar a la tierra prometida. En esta crónica, el lector es testigo de este éxodo que según la narración tiene un carácter catártico y necesario. Sólo a través de la peregrinación se conquista el miedo:

> Ismael se convierte en una promesa ardiente. Maelo aprovecha este momento, en que el velorio está a punto de convertirse en entierro para vestirse de penitente. Camina muy lentamente, viene con la cabeza baja, le echan fresco, está a punto del desmayo, nadie hace nada para aguantarlo. Respetan su condición. Es el mismo esfuerzo inviolable que sufrió el Nazareno al cargar la cruz. Esa cruz invisible que carga es una bendición. (48-49)

El narrador reconoce a Maelo como sustituto, identificándolo como figura cristológica. Es como si su vida fuera un eterno ensayo para desempeñar este papel de Mesías. Una vez culminado este camino hacia el cementerio, el narrador describe el ambiente como desorganizado e impregnado de euforia, en vez de uno de llantos, más acorde con el comportamiento esperado:

> Este entierro está desenfocado; hace tiempo que la curiosidad ha vencido a la pena. La rumba se ha impuesto. Puro vacilón lumpen Avenida Puerto Rico. Hay que inventar nuevas categorías para describir esto. Pretenden terminar el entierro con un rumbón sobre la tumba. (84-85)

Independientemente de estas observaciones que recalcan lo caótico, al llegar al cementerio, la tierra prometida, se funda la nación puertorriqueña. Zayas Micheli apunta que: "La nación no la forma la coexistencia espacial de una conglomeración sino la comunidad de conciencia y ésta la crea la cosmovisión común que emerge de la concentración humana alrededor de un mito" y que es: "en las situaciones límites, en las de hondo calado". Así ocurre como en *El entierro de Cortijo*, la muerte del rumbero, deja de ser una realidad subjetiva y crea una colectividad (172). Según Zayas Micheli:

> El objeto, la persona o el lugar geográfico sirven de elementos aglutinadores creando la solidaridad colectiva; de esa manera se funda la conciencia colectiva. Este ente colectivo se llama nación. Crea el culto en torno al lugar en que se manifestó lo sagrado. (174)

En el caso de *El entierro* dicha colectividad se solidifica en el cementerio o la necrópolis mulata-lumpen puertorriqueña. Esta necrópolis constituye un microcosmos del cual el narrador se siente, recurrentemente, excluido por razones de raza y clase. Entonces, el concepto de nación no se puede generalizar como ente aglutinador de todo ciudadano de un país. Como estableciera Zayas Micheli, una nación es una comunidad de conciencia y una concepción de mundo. No existe tal cosa como nación, si por ella entendemos armonía, unión y homogeneidad cultural, racial, étnica y religiosa, pues estos conceptos no se dan a la vez.

Finalmente, el narrador, identifica el momento en que, a modo de despedida le cantan a Cortijo el himno nacional puertorriqueño, como un momento surreal que da una unidad nacional y los reúne en "la gran familia que somos los puertorriqueños", y agrega que "quizás toda la congregación es simplemente una utopía que ensaya su espacio futuro. Quizás, quizás, ¿qué es la igualdad perfecta? ¿No será un ensayo de la muerte?" (94). Recapitulemos: a raíz de la muerte de Cortijo, nace una figura mesiánica: Ismael Rivera y es a través de su peregrinación, en masa y llegada al cementerio, que se concreta la nación puertorriqueña periférica.

Como he subrayado, un movimiento mesiánico se define en la ciudad santa. La nación es una comunidad de conciencia y la memoria, a su vez, se determina en la música. Esta es una forma de mantener viva la memoria de la nación a través de himnos que representen a sus dioses. De esta manera convierte a sus dioses en nación, sólo a través de ellos se sustancia ese sentido de comunidad.

Puerto Rico, en la obra de Juliá, se levanta y reclama su dignidad y soberanía, sin obviar los procesos necesarios de desarrollo. El transcurrir histórico ha sido una imposición y una necesidad para concebir la madurez de identidad. El autor ha burlado los parámetros estructurales, en sentido literario, y a través de la voz narrativa, analiza la historia puertorriqueña, desde la perspectiva del sector dominante que ha sufrido el paso de la modernidad. Permea, en su obra la lucha de clase para culminar en un reconocimiento y apreciación de la nación puertorriqueña actual. Entonces, la narrativa de Rodríguez Juliá es instrumento esencial para entender el pasado, los momentos de transición fundamentales y el presente nacional de Puerto Rico.

Consideraciones finales

El propósito de estas indagaciones ha sido analizar el proceso de formación y evolución nacional puertorriqueñas en sus raíces raciales en tres obras claves del escritor Edgardo Rodríguez Juliá. *La noche oscura del Niño Avilés*, *Tribulaciones de Jonás* y *El entierro de Cortijo* son los textos escogidos, ya que cada uno corresponde a un periodo histórico clave en este desarrollo que comienza en el siglo XVIII y culmina en el XX.

Las instancias históricas descritas en estas narraciones van acompañadas de cambios sociales profundos. Estas trasmutaciones provocan momentos de crisis en la sociedad puertorriqueña. Amparada en la metáfora de los movimientos mesiánicos, he analizado estos plazos de desorientación nacional. Este lente me ha permitido explicar cómo reacciona la población ante el desamparo y la falta de dirección. El vulgo espera la llegada de un mesías o de un salvador que les devuelva el orden perdido. Este líder es apreciado como un ser superior y junto a él se desarrolla un movimiento mesiánico que culmina con la formación nacional en un momento específico.

Esta construcción nacional se posibilita por dos razones principales: por un lado, el grupo que experimenta la crisis se une en su visión y concepción de mundo, a la vez que se hermana desde la conciencia; por otro lado, necesitan llenar el espacio que la anarquía lleva consigo. Los movimientos mesiánicos, las figuras mesiánicas y la construcción nacional son necesidades exigidas por la población que pierde la orientación y el rumbo. La combinación de estos elementos crea la ilusión de igualdad y democracia necesarias en una nación.

En la obra de Rodríguez Juliá estas figuras mesiánicas toman forma de un niño, de un político y de un músico de ritmos afro-caribeños. Reflejan el momento histórico en que surgen y la etapa dentro de la formación nacional en distintos periodos: pre-moderno, moderno y posmoderno puertorriqueños.

Profundizo en este estudio en tres aspectos principales: la importancia de Rodríguez Juliá dentro de los debates nacionales puertorriqueños, la formación nacional puertorriqueña en términos raciales y la importancia de los movimientos mesiánicos en este proceso. El debate de identidad nacional puertorriqueño ha sido una preocupación constante de los intelectuales del país. La situación política de la isla justifica en gran medida la incertidumbre entre los pensadores más importantes. Desde el momento en que desembarcaron los españoles en la isla, siglo XV, hasta el 1898, Puerto Rico fue colonia española. A partir del siglo XIX, con la invasión norteamericana, la isla ha permanecido como colonia estadounidense. Crear un sentido de identidad, de cultura y de nación, sumergido en una convivencia con las culturas invasoras representa un reto y una gran confusión. Rodríguez Juliá se ha unido a esta polémica y le ha dado continuación.

Anteriormente, la nación y el sentido de unidad o división era medida en términos de educación y personalidad. Muy poco se había dicho en torno a la raza. El autor retoma los planteamientos de José Luis González sobre la composición racial puertorriqueña favoreciendo el elemento negro y profundiza en la imaginaría nacional desde este aspecto. El concepto de clase también está presente en su narrativa como método para definir su lugar dentro de esta madeja social que es Puerto Rico.

El primer capítulo, "Edgardo Rodríguez Juliá: el peso de la herencia y su legado", sienta las bases para la comprensión de la importancia de este autor dentro de los textos canónicos isleños. He trazado un estudio detallado de los escritores que han dejado una gran huella en las letras puertorriqueñas dentro de la temática nacional insular: Antonio S. Pedreira, René Marqués y José Luis González. Debido a la distancia generacional, estos autores son utilizados como punto de partida y no como realidad vital en el presente. No quiere decir que tengan menos importancia, sino menos vigencia con el pasar del tiempo; sin embargo, su repercusión y trascendencia que tienen en los escritores subsiguientes son innegables. Rodríguez Juliá ejemplifica que, a pesar de que tiene voz propia e innovaciones que aportar, reconoce el valor de sus antepasados.

Discuto con escrupulosidad el patrimonio con el que ha cargado nuestro autor. Mediante ejemplos, señalo los vestigios de sus anteriores. A grandes rasgos: hereda de Pedreira su estilo paternal, en su afán de querer organizar y educar al pueblo mediante sus escritos; de Marqués, su visión pesimista del pasado perdido, el presente oscuro y sus dudas sobre el futuro, y de González, la valorización del elemento racial fronterizo negro.

Este aprecio por el elemento racial negro en la cultura puertorriqueña ha sido una de las más acertadas contribuciones del autor, ya que desmantela la realidad racial de la isla que ha sido adornada por epítetos como: trigueño e indio oscuro antes de hablar de su mulatez o negritud. Se tiende a pensar la isla en términos de blanco y negro; esta actitud crea un abismo racial irreal y como consecuencia crea una fútil barahúnda. Este escepticismo se traduce en conflictos de identidad; por lo tanto, obstaculizan la formación nacional puertorriqueña.

Este primer apartado revela la trayectoria literaria nacional y su evolución comenzando con Pedreira y culminando con los postulados de raza de Rodríguez Juliá. El autor crea un nuevo modo de concebir la historia puertorriqueña desde la experiencia marginal; no necesariamente folklorizándola sino otorgándole un verdadero papel protagónico.

Este rol principal del sujeto negro es uno de los temas sobresalientes en *La noche oscura del Niño Avilés*, novela en la que se basa mi segundo capítulo: "*La noche oscura del Niño Avilés*: Peregrinaciones y raza en la construcción nacional del siglo XVIII puertorriqueño". Esta novela se desarrolla en el siglo XVIII puertorriqueño como lo anuncia el título del capítulo. El autor rescata personas reales de este siglo y los ficcionaliza de la misma manera que altera los hechos históricos de este período. El propósito del autor ha sido crear un espacio epopéyico en una etapa histórica olvidada por los historiadores. Los temas principales en la narración son: las luchas de clase, la aparición del niño-moisés a cargo de la salvación del pueblo al que llega y la promesa de una fundación utópica en la ciudad llamada Nueva Venecia.

Gran parte de la novela gira en torno a insurrecciones entre grupos de negros contra el poder de la iglesia. En el momento de mayor incertidumbre en la novela aparece la figura del Niño Avilés en una cesta a la deriva en el mar. Interpreto a este niño como una triple metáfora: representa la isla de Puerto Rico, su situación política incierta y, por último, personifica el estado de desarrollo nacional. Es un cuadro desalentador y en esto estriba la importancia de este niño. Esta múltiple metáfora desemboca en el simbolismo del niño como un ente redentor. No es accidental el paralelismo que guarda con el Moisés bíblico que liberó al pueblo israelita de la esclavitud en Egipto. El Niño Avilés liberará a su pueblo de la confusión y dará dirección al pueblo dividido.

La finalidad de este capítulo ha sido señalar que esta novela, dentro de la obra de Rodríguez Juliá, hace las veces del primer paso hacia la definición racial de Puerto Rico y su formación nacional.

Como hemos visto, en él predominan las luchas entre razas: España-blanca representada por el poder eclesiástico vis a vis el pueblo negro representado por tropas insurrectas. El Niño Avilés es la figura mesiánica que sirve de intermediario entre estos dos sectores que luchan por el poder. Dentro de la narración, el Niño cumple su propósito, ya que ofrece a la población un sentido de unidad y esperanza.

Al finalizar la novela el lector no es testigo de la fundación de la tierra prometida pero asiste en esta romería hacia ella. Significa, en términos nacionales, que comienza el camino pero no culmina. De manera que a pesar de no cumplir su cometido fundacional, el siglo XVIII es descrito como uno esencial y esperanzador en la historiografía puertorriqueña. Este inicio fundacional experimenta un momento de disrupción en su avance. Esta tregua es documentada en la crónica *Tribulaciones de Jonás*. Este texto lo analizo en el tercer capítulo: *"Tribulaciones de Jonás*: una historia incompleta". A diferencia de *La noche oscura del Niño Avilés*, se desarrolla en el siglo XX, y a pesar de situarse a dos siglos de la novela no constituye un adelanto sino una transición.

Tribulaciones de Jonás es un proyecto que nace a raíz de la muerte del gobernador puertorriqueño de más trascendencia, Luis Muñoz Marín. Esta narración está dividida en cuatro partes. En términos temáticos la he dividido en dos secciones cardinales: una reflexión de parte del narrador en torno a la figura del gobernador y cómo su paso en el mundo político lo ha perjudicado en un modo personal; la segunda división es cómo el líder ha beneficiado al pueblo que lo entierra. La narración fluctúa entre reproches y alabanzas.

Siguiendo fidedignamente los cuatro apartados, los primeros dos apartados narran cómo entra en la vida del narrador el ahora fenecido líder. Narra el recuerdo infantil de su primera impresión cuando lo vio haciendo su campaña política por el país. Si bien es cierto que este primer encuentro está impregnado de especulación y admiración, también es cierto que en la segunda instancia, el narrador, ya adulto, se debate entre la admiración inicial y el resentimiento que siente en su etapa madura. Esta animadversión nace como consecuencia de los cambios sociales impulsados por el gobernador al cambiar la economía del país de un sistema agrario a uno industrial. La isla comienza a sufrir los embates de la modernidad. Esta mudanza afecta de manera diferente al narrador y a la población campesina. El narrador, perteneciente a una clase acomodada de terratenientes, experimenta un cambio social desfavorable. Por otro lado, el sector poblacional rural se ve beneficiado en términos somáticos.

En la tercera parte, se narra el entierro del líder. Sobresalen en este apartado las voces del proletariado que son analizadas desde el atalaya clasista del narrador. Nuevamente, el lector se enfrenta a una división poblacional, pero en esta crónica hay una homogeneidad racial que no existía en la novela *La noche oscura del Niño Avilés*. Esta uniformidad no supone un adelanto desde ninguna perspectiva. Se ignora el sector negro del país y se centran las disputas en aspectos de clase. Es el primer indicio del estancamiento en la formación nacional iniciada en la novela ubicada en el siglo dieciocho. Sin embargo, este líder es considerado con una figura mesiánica, pues rescató al país de unas necesidades superlativas. Su imagen está protegida por un hálito de sobrenaturalidad.

En este capítulo me propuse interpretar el aura que sólo acompaña a entes privilegiados. A través de su vida y obra señalo por qué Muñoz Marín reúne las características de un dirigente mesiánico. Todos se sienten tocados por su magia, independientemente de su clase social. Recibe esta distinción porque en momentos caóticos de sobrevivencia le ofreció a la isla un respiro económico que se tradujo en esperanza. Bajo su mando se desarrolló una nación en una dirección muy distante a la del siglo XVIII. La igualdad que Muñoz Marín intentó implantar en la isla, en términos económicos, obstaculizó el curso nacional iniciado en el siglo XVIII. Sustituyó y obvió la población negra por el sector campesino, ignorando la diversidad racial isleña. Por esta razón este capítulo y esta fase histórica constituyen una transición en la formación nacional iniciada anteriormente.

Todo cambio social trascendental conlleva conmutaciones intrínsecas profundas. Las repercusiones en términos raciales del paso de la modernidad en la isla son reflejadas en la población negra-mulata puertorriqueña. La historia retoma el curso de formación nacional iniciado en los textos dieciochescos rodriguejulianos, con *El entierro de Cortijo*. Esta crónica es el centro de análisis del cuarto capítulo: "*El entierro de Cortijo*: Maelo, forjador de la nación".

Este escrito subraya la fuerza de la cultura popular y la música afro-caribeña enfatizando cómo el cuerpo negro se levanta nuevamente; pero esta vez de una forma sonora. Lejos estamos del alzamiento presenciado en *La noche oscura del Niño Avilés*; en esta ocasión la historia da la impresión de una regresión. El lector parece ser testigo de una población esclava que se libera con sus danzas y movimientos secretos que burlan el sistema. Esta presencia representa la sociedad posmoderna; el resultado histórico de un cambio estructural en el Puerto Rico ideado por Muñoz Marín.

El narrador de esta crónica analiza el impacto de los músicos afro-caribeños y cómo éstos reemplazan al líder mesiánico anterior. La crónica nace a raíz de la muerte del músico negro Rafael Cortijo. Este músico sirvió de agente aglutinador dentro de la periferia racial. Su fama y éxito lo situaron en un pedestal de respeto y fue concebido por su pueblo como un líder mesiánico. El día de su muerte supone una crisis en el pueblo que se sintió liberado y representado por él. Ante esta situación límite se levanta como sustituto Ismael Rivera. Durante el entierro de Cortijo, Rivera se convierte en promesa ardiente. Participa de la peregrinación hacia el cementerio y una vez completada esta cruzada, Rivera es reconocido como el continuador de la obra iniciada por Cortijo.

El objetivo de este capítulo ha sido comprobar la repercusión de *El entierro de Cortijo* en la formación nacional puertorriqueña. Esta crónica evidencia la culminación de la nación puertorriqueña mulata. No sólo rompe el aislamiento racial propiciado por Muñoz Marín sino que se alza como grupo en protesta de su eterno silencio. El lector, ya no se encuentra ante la dicotomía de raza y clase que predominaba en *La noche oscura del Niño Avilés*, ni en la sociedad blanca de *Tribulaciones de Jonás*. Nace una nación como producto de un largo proceso de cambios sociales y mestizaje. El hombre nuevo es el mulato; en esta raza encontramos el alma puertorriqueña. Por esta razón, cuando culmina la peregrinación de Maelo, el pueblo no llora sino que canta. Es una celebración de un pueblo unido en su visión de mundo que comparte la emancipación perseguida por tantos años; en esta crónica, se consigue la soberanía e individualidad a través de la música afro-caribeña.

Esta travesía por las letras puertorriqueñas ha buscado aclarar las porosidades e insuficiencias de la clase letrada, al analizar a la sociedad de Puerto Rico. La pertinaz pregunta ¿quiénes somos? es producto de una actitud evasiva por parte de los pensadores de la isla. Para contestar la interrogante tenemos que ver el curso de la historia sin ignorar los cambios sociales y raciales. Estas alteraciones tienen como producto un ser que pertenece a una nación que no se puede simplificar en demarcaciones absolutas que insisten en la idea de una nación blanca o negra. Concebir al puertorriqueño en estos términos significa ignorar la trayectoria del tiempo y resultado de este mestizaje racial que culmina en el mulato. El mulato no aparece en las letras como un sector esencial e importante. El intento más cercano de incluirlo ha sido a través de la raza negra y se han burlado también las aportaciones de este sector reduciéndolo a un ser iletrado y símbolo de esclavitud. En otras ocasiones, se trivializa su figura asociándolo con música popular y un hablar que enfatiza su ignorancia, pasando por alto la trascendencia de su música y su fuerza racial.

La obra de Edgardo Rodríguez Juliá ha sufrido una suerte similar, ya que nunca se analiza en su totalidad. Estudios anteriores insisten, obstinadamente, en dividir la obra en las novelas dieciochescas, por un lado, o las crónicas del siglo XX aisladamente. Esta distinción ignora que para tener un cuadro fidedigno de su concepto de puertorriqueñidad hay que concebirlas en conjunto; sólo de esta manera, podemos entender el proceso de formación nacional de Puerto Rico.

El presente trabajo aspira a unirse al debate nacional puertorriqueño, ya que actualiza y complementa los planteamientos anteriores bien intencionados pero insuficientes. La deficiencia general ha sido identificar a la nación puertorriqueña siguiendo parámetros extranjeros como España, África o Estados Unidos. Puerto Rico es el resultado racial, social y cultural de todas estas interferencias. También ha sido innovador concebir la obra de Rodríguez Juliá no solo como una totalidad, como mencione anteriormente, pero desde una óptica mesiánica. Este lente entiende la historia como procesos con capítulos caóticos que ponen en peligro el desarrollo nacional puertorriqueño y es a través de las figuras mesiánicas que la población encuentra sentido, dirección y finalmente dignidad propia nacional. Dicho de otra manera, en este estudio he visitado las parcelas excluidas en el pasado y el resultado del mismo es entender la formación nacional de Puerto Rico desde otra óptica.

Ciudadano Juliá es, pues, el primer trabajo que concibe la obra de Rodríguez Juliá como una historia continua. Este estudio va más allá de la crisis subrayada por el autor que analiza al puertorriqueño como sujeto colonial oprimido. En este análisis, su obra es organizada cronológicamente para explicar el elemento racial como componente esencial en la formación nacional puertorriqueña.

Obras consultadas

ALONSO, CARLOS J. *The Burden of Modernity: The Rhetoric of Cultural Discourse in Spanish America*. New York: Oxford University Press, 1998.

ALONSO, MARÍA M. *Muñoz Marín vs. the bishops: An approach to church and state*. San Juan: Publicaciones Puertorriqueñas, 1998.

ALVAREZ-CURBELO, AND MARÍA ELENA RODRÍGUEZ CASTRO. *Del Nacionalismo al Populismo: Cultura y Política en Puerto Rico*. Río Piedras: Ediciones Huracán, 1993.

APARICIO, FRANCES R., AND WILSON A. VALENTÍN-ESCOBAR. «Memorializing La Lupe and Lavoe: Singing Vulgarity, Transnationalism, and Gender». *Centro: Journal of the Center for Puerto Rican Studies* 16 (2004): 79-101.

BARTON, HALBERT. «A Challenge for Puerto Rican Music: How to Build a Soberao from Bomba». *Centro: Journal of the Center for Puerto Rican Studies* 16 (2004): 69-89.

BENÉT, STEPHEN VINCENT. *The Devil and Daniel Webster*. New York: Holt, Rinehart and Winston, 1965.

CABÁN, PEDRO A. *Constructing a Colonial People: Puerto Rico and United States 1898-1932*. Colorado: Westview Press, 1999.

CARRIÓN, JUAN MANUEL, TERESA C. GRACIA RUIZ, AND CARLOS RODRÍGUEZ FRATICELLI, EDS. *La nación puertorriqueña: ensayos en torno a Pedro Albizu Campos*. San Juan: Editorial de la Universidad de Puerto Rico, 1993.

CARRIÓN, JUAN MANUEL. «Two Variants of Caribbean Nationalism: Marcus Garvey and Pedro Albizu Campos». *Centro* 17 (2005): 1-33.

_____. «Sacrificio de Albizu por la dignidad nacional.» *Análisis*. Radio Universidad.

WRTU, San Juan. 12 September 2003.

COLÓN PEÑA, EDUARDO. *Navidad en Puerto Rico*. Vega Alta: Centro Gráfico Grafito, 2000.

COLORADO, ANTONIO J. *Mensajes al Pueblo Puertorriqueño Pronunciados ante las Cámaras Legislativas 1949-1964 por Luis Muñoz Marín*. San Juan: Inter American University Press, 1980.

CÓRDOVA, LIEBAN. *Luis Muñoz Marín y sus Campañas Políticas: Memorias de su Secretario-Taquígrafo Personal*. Río Piedras: Editorial de la Universidad de Puerto Rico, 1984.

DÍAZ QUIÑONES, ARCADIO. *El arte de bregar: ensayos*. San Juan, P.R.: Ediciones Callejón, 2000.

_____. *La Memoria Rota*. Río Piedras: Ediciones Huracán, Inc., 1993.

DIOS HABLA HOY: *La Biblia Versión Popular*. Nueva York: Sociedad Bíblica Americana, 1983.

FLORES, AURORA. «¡Ecua Jei! Ismael Rivera, El Sonero Mayor: A Personal Recollection». *Centro: Journal of the Center for Puerto Rican Studies*. 16 (2004): 63-77.

FLORES, JUAN. *From Bomba to Hip-Hop*. New York: Columbia University Press, 2000.

_____. *La Venganza de Cortijo*. Río Piedras: Ediciones Huracán, 1997.

FOUCAULT, MICHEL. «Of Other Spaces.» *Diacritics* 16 (1986): 22-27.

FREUD, SIGMUND. *Group Psychology and the Analysis of the Ego*. New York: Norton, 1959.

GARCÍA, MIRNA. «La Narrativa Puertorriqueña Contemporánea ante la Cuestión Nacional.» *Diss.* University of California, 1990.

GARCÍA-TURULL, LEILANI. «Cronistas y Rituales Dramáticos: Performance y Espectáculo en la Crónica de Carlos Monsiváis y Edgardo Rodríguez Juliá.» University of Wisconsin, 2000.

GELPÍ, JUAN, G. *Literatura y paternalismo en Puerto Rico*. San Juan, P.R. : Editorial de la Universidad de Puerto Rico, 1993.

GONZÁLEZ, EDUARDO. «Discurso, Identidad Nacional y Literatura en Edgardo Rodríguez Juliá.» *Diss.* Univesity of Maryland, 1998.

GONZÁLEZ, JOSÉ LUIS. «El País de los Cuatro Pisos». *El País de los Cuatro Pisos y otros Ensayos*. Río Piedras: Ediciones Huracán, 1980

KUDO, TOKIHIRO, AND CECILIA TOVAR. *La Crítica de la Religión: Ensayo sobre la Conciencia Social según Marx*. Lima: Centro de Estudios y Publicaciones, 1977.

MADRID-MALO, NÉSTOR. *La política como espectáculo*. Bogotá: Editorial Revista Colombiana, 1970.

MADURO, GRISEL. «Refiguración de la Identidad Nacional en la Narrativa de Edgardo Rodríguez Juliá.» Diss. The City University of New York, 1999.

MALDONADO DENIS, MANUEL. *Puerto Rico: Mito y Realidad*. Barcelona: Ediciones Península, 1969.

MILLER, MARILYN. «Plena and the Negotiation of 'National' Identity in Puerto Rico». *Centro: Journal of the Center for Puerto Rican Studies 16* (2004): 37-59.

MARQUÉS, RENÉ. «El Puertorriqueño Dócil». *El Puertorriqueño Dócil y otros Ensayos 1953-1971*. Editorial Antillana, 1966.

MÉNDEZ, JOSÉ LUIS. *La Agresión Cultural Norteamericana en Puerto Rico*. México: Editorial Grijalbo, 1978.

MIRANDA, JOSÉ PORFIRIO. *Marx y la Biblia: Crítica a la Filosofía de la Opresión*. Salamanca: Ediciones Sígueme, 1971.

MONSIVÁIS, CARLOS. *A ustedes les consta: Antología de la crónica en México*. México, D.F.: Biblioteca Era, 2003.

MORALES FLORES, MARGARITA. *Citas...del Último Prócer. Vol. 1 Luis Muñoz Marín*. Caguas: Impress Quality Printing, 1998.

PARRILLA-BONILLA, ANTULIO. *Puerto Rico: Iglesia y Sociedad 1967-1969*. Cuernavaca: Centro Intercultural de Documentación, 1970.

_____. *Puerto Rico: Iglesia y Sociedad 1969-1971*. Cuernavaca: Centro Intercultural de Documentación, 1971.

PEDREIRA, ANTONIO S. *Insularismo*. Barcelona: Editorial Edil, 1969.

PEREIRA DE QUEIROZ, MARIA ISAURA. *Historia y etnologia de los movimientos mesiánicos : reforma y revolución en las sociedades tradicionales*. Mexico: Siglo Veintiuno, 1969.

PÉREZ ORTIZ, MELANIE ANN. «Between Lettered, Popular and Mass Culture: Intellectuals and the Public Sphere in Mexico and Puerto Rico. A Reading of the Works of Carlos Monsiváis, Cristina Pacheco, Edgardo Rodríguez Juliá and Ana Lydia Vega.» Diss. Stanford University, 1999.

PÉREZ TORRES, YAZMÍN. «'Raza' en la Narrativa Puertorriqueña Contemporánea: Redefiniciones de la 'Identidad Nacional'.» Diss. University of Wisconsin, 1996.

PICÓ, FERNANDO. *Historia General de Puerto Rico*. Río Piedras: Ediciones Huracán, 1986.

_____. *Luis Muñoz Marín: Discursos 1934-1948 Vol I*. San Juan: Fundación Luis Muñoz Marín, 1999.

_____. *Luis Muñoz Marín: Ensayos del Centenario*. San Juan: Fundación Luis Muñoz Marín, 1999.

_____. *1898: La Guerra después de la Guerra*. Río Piedras, 1998.

QUINTERO RIVERA, ÁNGEL G. *Vírgenes, Magos y Escapularios: Imaginería, Etnicidad y Religiosidad popular en Puerto Rico*. San Juan: Universidad de Puerto Rico, 1998.

RAMOS LÁZARO, JOSÉ. *Religiones en Puerto Rico: desde la Perspectiva de la Teología*. Hato Rey: Publicaciones Puertorriqueñas, 2001.

RÍOS ÁVILA, RUBÉN. «La invención de un autor: escritura y poder.» *Tribulaciones de Juliá*. San Juan: Instituto de Cultura Puertorriqueña, 1981. 33-62.

RIVERA MEDINA, EDUARDO, AND RAFAEL L. RAMÍREZ. *Del Cañaveral a la Fábrica: Cambio Social en Puerto Rico*. Río Piedras: Ediciones Huracán, 1985.

RIVERA DE ÁLVAREZ, JOSEFINA. *Literatura puertorriqueña: su proceso en el tiempo*. Madrid: Partenón, 1983.

RIVERO, ÁNGEL. *Crónica de la Guerra Hispano Americana en Puerto Rico*. New York: Plus Ultra Educational Publishers, Inc., 1973.

RODRÍGUEZ CASTRO, MARÍA ELENA. «Memorias conjeturales: las crónicas mortuorias.» *Tribulaciones de Juliá*. San Juan: Instituto de Cultura Puertorriqueña, 1981. 65-92.

RODRÍGUEZ JULIÁ, EDGARDO. *Cámara Secreta: Ensayos Apó-crifos y Relatos Verosímiles de la Fotografía Erótica*. Río Piedras: Monte Ávila, 1997.

_____. *Campeche o los diablejos de la melancolía*. San Juan de Puerto Rico : Instituto de
Cultura Puertorriqueña, 1986.

_____. *Caribeños*. San Juan: Instituto de Cultura Puertorriqueña, 2002.

_____. *Cartagena*. Río Piedras: Editorial Plaza Mayor, 1997.

_____. Cortejos Fúnebres: Relatos. Río Piedras: Editorial Cultural, 1997.

_____. *El Camino de Yyaloide*. Caracas: Grijalbo, 1994.

_____. *El Cruce de la Bahía de Guánica*. Río Piedras: Cultural, 1989.

_____. *El Entierro de Cortijo*. Río Piedras: Ediciones Huracán, 1983.

_____. *La Noche Oscura del Niño Avilés*. Río Piedras: Ediciones Huracán, 1984.

_____. *La Renuncia del Héroe Baltazar*. San Juan: Antillana, 1974.

_____. *Las Tribulaciones de Jonás*. Río Piedras: Ediciones Huracán, 1981.

_____. *Mapa de una pasión literaria*. San Juan, P.R.: Editorial de la Universidad de Puerto Rico, 2003.

_____. *Peloteros*. San Juan: Editorial de la Universidad de Puerto Rico, 1997.

_____. *Puertorriqueños: Album de la Sagrada Familia Puertorriqueña a partir de 1898*. Río Piedras: Editorial Plaza Mayor, 1988.

_____. *Sol de Medianoche*. Río Piedras: Grijalbo, 1995.

_____. *Una Noche con Iris Chacón*. San Juan: Antillana, 1986.

_____. *San Juan: Ciudad Soñada.* San Juan: Editorial Tal Cual, 2005.

_____. Musarañas de Domingo. San Juan: Editorial Universidad de Puerto Rico, 2004.

ROSTAS, SUSANNA, AND ANDRÉ DROOGERS. *The Popular Use of Popular Religion in Latin America.* Amsterdam: Center for Latin American Research and Documentation, 1993.

ROWE, WILLIAM, AND VIVIAN SCHELLING. *Memory and Modernity: Popular Culture in Latin America.* London: Verso, 1991.

SANTINI, TERESITA. *Luis Muñoz Marín 1898-1998.* Colombia: Panamericana Formas e Impreso S.A., 1998.

SARLO, BEATRIZ. *Escenas de la vida posmoderna: intelectuales, arte y videocultura en la Argentina.* Minneapolis : University of Minnesota Press, 2001.

SILVA GOTAY, SAMUEL. *Protestantismo y Política en Puerto Rico 1898-1930: Hacia una Historia del Protestantismo Evangélico en Puerto Rico.* San Juan: Editorial de la Universidad de Puerto Rico, 1997.

TORRES TORRES, JAIME. *Cada Cabeza es un Mundo: Relatos e Historias Héctor Lavoe.* Segunda Edición. San Juan: Editorial el Yunke, 2004.

UNGERLEIDER KEPLER, DAVID. *Las Fiestas de Santiago Apóstol de Loíza.* San Juan: Isla Negra Editores, 2000.

VALLE FERRER, NORMA. *Fiestas de Cruz: Tradición y Devoción en la Comunidad Puertorriqueña.* Barcelona: Instituto de Cultura Puertorriqueña, 1980.

VAZQUEZ, LUIS. «Go and Make Disciples: An Analysis of the Salsa Evangelica Movement in Puerto Rico». *Centro: Journal of the Center for Puerto Rican Studies* 16 (2004): 194-225.

VASCONCELOS, JOSÉ. *Indología.* Paris: Agencia mundial de librería, 1926.

YÚDICE, GEORGE. «Historia y heterogeneidad en la ficción actual.» *La torre: revista general de la Universidad de Puerto Rico* 2 (1985): 331-353.

ZAYAS MICHELI, LUIS O. *Catolicismo Popular en Puerto Rico: una Explicación Sociológica.* Río Piedras: Editorial Raíces, Inc., 1990.

____. *Mito y Política en la Literatura Puertorriqueña.* Madrid: Ediciones Partenón, 1981.

Esta edición de *Ciudadano Juliá* de **Saramaría Rivas** está disponible desde los primeros días de julio 2014. Edición y cuidado de mediaisla editores, ltd kingwood, tx mediaisla@gmail.com